《中国式农业农村现代化理论研究与评价实践》
著作人员

主　著：吴永常　陈　静

著作人员（按姓氏拼音排序）：

安　岩　曹子建　陈　静　陈学渊　程广燕
高道明　高梓轩　关　琪　韩　炜　韩晓静
胡志全　刘　聪　王东阳　韦文珊　吴永常
谢永忠　薛桂霞　于　琦　张　峰　张　琳
赵一夫

前　　言

在世界历史的坐标上，中国式现代化是后发国家的现代化。西方发达国家发展是一个"串联式"的过程，工业化、城镇化、农业现代化、信息化顺序发展，发展到目前水平大约用了200多年时间。中国发展是一个"并联式"的过程，工业化、信息化、城镇化、农业现代化是叠加发展的，中国全速奔跑在现代化的赛道上，从"现代化的迟到国"成为"世界现代化的增长极""最大经济和社会变革的实验室"。党的十九大明确提出分"两步走"全面建成社会主义现代化强国的战略安排，党的二十大将农业强国提到前所未有的高度，完整地勾画了我国社会主义现代化建设的时间表、路线图，确立了党和国家事业长远发展的宏伟目标，2035年基本实现现代化参照了世界中等发达国家的发展水平，跻身创新型国家前列，2050年则是中国特色标杆，即把我国建设成为综合国力和国际影响力领先的社会主义现代化强国，农业农村现代化道路亦然。

从百年党史看，"三农"问题始终是革命、建设、改革各个时期关乎全局的重大问题；从大历史观看，只有深刻理解了"三农"问题，才能更好地理解我们这个党、这个国家、这个民族。没有农业农村现代化，就没有整个国家现代化，最大的短板在农村、最大的潜力也在农村，优先探索农业农村现代化道路是解决我国现阶段社会主要矛盾的基础和关键。农业农村现代化是实施乡村振兴战略的总目标。在2020年全面实现小康社会的基础上，到2035年，乡村振兴取得决定性进展，农业农村现代化基本实现，到2050年，乡村全面振兴，农业强、农村美、农民富全面实现，系统地回答了新时代中国农业农村现代化的内涵是什么。即：城乡融合一体化背景下实现农业现代化、农民现代化和农村现代化的"一融三化"，目标为城乡融合度高、农业强、农民富和农村美的"高强富美"。

当前，我国人均 GDP 已达到 1.28 万美元，向高收入国家发展阶段迈进，城乡人民生活全面实现小康，农业农村现代化建设进入新的历史时期。从现代化发展的水平和层次上划分，我国从东部到西部，大体上呈现由高到低的分布，呈现出发展上的阶段性、地域性和差异性特点。尽管各地发展程度和水平不一，但对追求农业农村现代化的期望和努力始终如一。在现有的发展基础上，统筹规划，分区施策，分类推进，进一步发挥地域资源禀赋优势，加快补上农业农村短板，破除制约城乡融合发展的体制机制障碍，实现巩固拓展脱贫攻坚成果同乡村振兴有效衔接，整体谋划乡村产业、人才、文化、生态、组织振兴，为农民就业增收赋能聚力，全面协调推进农业农村现代化进程。

本书编写组多年来致力于农业现代化和农业农村现代化理论研究和评价实践，积累了一定的理论基础和实践经验。面对新形势下中国式农业农村现代化建设的新需求，编写了本书，旨在探索中国式农业农村现代化的理论内涵，同时构建现阶段中国式农业农村现代化评价指标体系，为全国各地开展农业农村现代化"以评促建"工作提供参考借鉴。本书分为理论篇和实践篇，共十二个章节。提出了中国式农业农村现代化的基础理论、概念内涵与主要特征，梳理了国内外现代化评价研究进展及经验借鉴，构建了农业农村现代化评价指标体系，提出了全面实现农业农村现代化目标值和评价方法，并在江西省和苏州市开展了省域和市域评价实践，最后提出了农业农村现代化"以评促建"政策建议。

本书在编写过程中，得到了江西省农业农村厅和苏州市农业农村局的大力支持，得到了诸多国内农业农村现代化领域专家学者的支持帮助，他们对本书的编写提出了很多建设性意见，在此一并表示感谢。由于编写人员水平有限，书中难免存在不足，恳请读者批评指正。

著 者

2022 年 12 月

目　录

理论篇

第一章　中国式农业农村现代化的基础理论、概念内涵与主要特征 …………3
　一、现代化的概念内涵 ………………………………………………3
　二、中国式现代化的概念内涵及演变特征 ……………………………4
　三、中国式现代化正在由被动式现代化向主动式现代化转型 ……………7
　四、农业农村现代化是中国式现代化的重大命题 ………………………8
　五、中国式农业农村现代化的主要特征 ………………………………9
　六、中国式农业农村现代化的理论依据 ………………………………11
　七、中国式农业农村现代化的监测评价 ………………………………21
　参考文献 …………………………………………………………22

第二章　国内外现代化评价研究进展及经验借鉴 ………………………23
　一、国外现代化评价相关研究 …………………………………………23
　二、我国农业农村现代化评价研究进展 ………………………………26
　参考文献 …………………………………………………………28

第三章　中国式农业农村现代化评价指标体系构建方法 ………………32
　一、农业农村现代化评价方法综述 ……………………………………32
　二、农业农村现代化评价指标体系构建方法 …………………………34
　参考文献 …………………………………………………………36

第四章　农业现代化评价指标体系构建 ………………………………38
　一、发达国家农业现代化经验借鉴 ……………………………………38

二、农业现代化理论框架 …… 40
　　三、农业现代化评价指标遴选 …… 44
　　四、农业现代化评价指标体系构建 …… 51
　　参考文献 …… 52
第五章　农村现代化评价指标体系构建 …… 53
　　一、发达国家农村现代化经验借鉴 …… 53
　　二、农村现代化理论框架 …… 55
　　三、农村现代化评价指标遴选 …… 57
　　四、农村现代化评价指标体系构建 …… 61
　　参考文献 …… 61
第六章　农民现代化评价指标体系构建 …… 63
　　一、发达国家农民现代化经验借鉴 …… 63
　　二、中国农民现代化的理论框架 …… 65
　　三、农民现代化评价指标遴选 …… 68
　　四、农民现代化评价指标体系构建 …… 71
　　参考文献 …… 71
第七章　城乡融合评价指标体系构建 …… 73
　　一、发达国家城乡融合发展的经验借鉴 …… 73
　　二、城乡融合发展理论框架构建 …… 78
　　三、城乡融合发展水平评价指标遴选 …… 82
　　四、城乡融合发展水平评价指标体系构建 …… 85
　　参考文献 …… 87
第八章　测算方法与目标值设定 …… 90
　　一、测算方法 …… 90
　　二、指标解释、计算公式与目标值设定 …… 91

实践篇

第九章　农业农村现代化以评促建作用路径 …… 113
　　一、农业农村现代化以评促建作用路径 …… 113

二、农业农村现代化评价指标体系应用方法 …………………………… 115
　　三、动态监测与周期修订 ………………………………………………… 115
第十章　市域农业农村现代化评价典型案例 ……………………………… 117
　　一、苏州市制定评价考核指标体系的背景和意义 …………………… 117
　　二、苏州市总体概况 …………………………………………………… 118
　　三、指标体系与目标值本地化 ………………………………………… 122
　　四、评价结果 …………………………………………………………… 124
　　五、指标体系动态调整 ………………………………………………… 125
第十一章　省域农业农村现代化评价典型案例 …………………………… 127
　　一、评价的背景与意义 ………………………………………………… 127
　　二、江西省总体概况 …………………………………………………… 129
　　三、指标体系和目标值本地化 ………………………………………… 132
　　四、权重确定 …………………………………………………………… 134
　　五、评价结果 …………………………………………………………… 134
　　六、推进江西省农业农村现代化进程的对策建议 …………………… 138
第十二章　农业农村现代化以评促建政策建议 …………………………… 143
　　一、农业农村现代化以评促建影响因素 ……………………………… 143
　　二、农业农村现代化以评促建政策建议 ……………………………… 144
附录1　农业农村现代化评价指标体系 …………………………………… 145

理论篇

第一章 中国式农业农村现代化的基础理论、概念内涵与主要特征

一、现代化的概念内涵

什么是现代化"modernization"？现代化是一个国际潮流和世界现象，是18世纪工业革命以来人类发展的世界前沿，以及追赶、达到和保持世界前沿的行为和过程。其中，发达国家要保持世界前沿，发展中国家要追赶世界前沿。《辞海》对现代化的解释：不发达社会成为发达社会的过程和目标。作为过程，其首要标志是用先进科学技术发展生产力，生产和消费水平不断提高，社会结构及政治意识形态也随之出现变化（其标志为政治民主、理性主义和科学精神、社会流动和现代化人格）。作为目标，其一般指以当代发达社会为参考系的先进科学技术水平、先进生产力水平及消费水平。

从全球看，18世纪60年代至19世纪中期，在蒸汽机改良、火车发明等第一次工业革命的推动下，一些国家和地区从手工工场时代进入蒸汽时代、机器时代，传统农业社会加快向近代工业社会跃进。19世纪70年代后，第二次工业革命蓬勃兴起，自然科学取得一系列突破性成果，以电力、化工、冶金等技术创新和企业科学管理"泰罗制"的应用为代表的工业化浪潮，将人类带进电气时代和工业化社会，工业标准化生产、"流动生产线制度"和农业机械化、规模化生产加快形成，一些落后的农村加快发展成为现代化的城市，农村人口大量流向城市就业定居。

20世纪80年代以来兴起的科学技术革命，如新材料、新能源、信息技术、生物工程等科技创新应用，加快了农业生产力的大发展、城市化进程和经济全球化步伐。1800年，世界上仅有3%的人口居住在城市。到1900年，世界城市人口比例上升到14%，超过100万人口的城市有12个。到2000年，世界城市人口总数达28亿人，占总人口的47%，超过100万人口的城市快速上升到411个。到2018年，在世界63亿总人口中，城市、农村人口分别为30.4亿人、32.6亿人，各占总人口的48.3%和51.7%，形成467个100万~500万人的中型城市、48个500万~1 000万人的大型城市和33个超过1 000万人的特大城市。

科学的现代化模式是因地制宜、因时制宜的现代化，各国现代化并无统一模式。2022年10月，党的二十大报告提出，从现在起，中国共产党的中心任务就是团结带领全国各族人民全面建成社会主义现代化强国、实现第二个百年奋斗目标，以中国式现代化全面推进中华民族伟大复兴。中国式现代化，是中国共产党领导的社会主义现代化，既有各国现代化的共同特征，更有基于自己国情的中国特色。

二、中国式现代化的概念内涵及演变特征

中国式现代化是在中国这块古老而又崭新的大地上的现代化，是近代以来中华民族孜孜以求的梦想；中国式现代化是社会主义现代化，是独具特色、有别于资本主义的现代化；中国式现代化是发展中国家的现代化，开辟了后发国家走向现代化的崭新道路；中国式现代化是超大规模的现代化，将深刻改变世界面貌，为整个人类社会发展作出前所未有的贡献（中共中央宣传部，2021）。中国式现代化的理论基础是马克思主义现代化理论，是科学社会主义基本原则和世界现代化规律与中国共产党百年党史实践相结合、与中华优秀传统文化相结合的新型现代化道路。马克思和恩格斯认为，发达资本主义社会就是现代社会，具有现代化的一般特征；即大工业生产和城市化、商品化、科技化、世界的普遍联系、社会分化与社会整合等。但资本主义现代化道路也有不可弥补的缺陷，造成了"现代的灾难"，必然被后现代社会——共产主义社会

所替代（马克思 等，2009）。在替代的过程中，无产阶级必须夺取资产阶级政权并经历一段具有长期性和差异性的过渡时期和社会主义时期。

把中国现代化建设的长期性与发展的阶段性相结合，科学划分发展阶段，始终做到分阶段、有步骤地推进社会主义现代化，这是我们党推进社会主义现代化建设的一条成功经验。中国式现代化概念内涵的演变可以概括为"012345"特征（表1-1），其中，"0"，西学东渐，自1840年以后，在西方列强的冲击和压迫下，中国被迫卷入现代化进程，众多仁人志士为了民族独立，国家富强，探索中国现代化之路，直至抗战胜利而无果。"1"，经济发展，现代化=工业化。1945年，毛泽东同志在党的七大政治报告中明确指出：中国工人阶级的任务，不但是为着建立新民主主义的国家而斗争，而且是为着中国的工业化和农业的近代化而斗争。在党的七届二中全会上，毛泽东同志进一步提出由落后的农业国变成先进的工业国的奋斗目标。"2"，现代化=经济+政治。中华人民共和国成立后，无产阶级实现了夺取政权的胜利，人民当家作主，我们党就把促进"农业和交通运输业的现代化""建立巩固的现代化国防"写入党在过渡时期总路线，1954年首次提出的工业、农业、交通运输业和国防四个现代化目标，并在1956年党的八大中将这一任务写入大会通过的《中国共产党章程》，1964年，周恩来同志在第三届全国人民代表大会上提出"在不太长的历史时期内，把我国建设成为一个具有现代农业、现代工业、现代国防和现代科学技术的社会主义强国"。"3"，现代化=经济+政治+文化。改革开放以后，以邓小平为代表的党中央将现代化建设范畴拓展为经济、政治、文化"三位一体"。"4"，现代化=经济+政治+文化+社会。胡锦涛同志在党的十七大报告中提出经济建设、政治建设、文化建设、社会建设"四位一体"，建设目标为"富强民主文明和谐的社会主义现代化国家"。"5"，现代化=经济+政治+文化+社会+生态。以习近平同志为核心的党中央在党的十八大中增加了生态文明建设方位，将新时代中国特色社会主义现代化范畴拓展为"五位一体"总体布局，党的十九大将社会主义现代化建设目标扩展为"富强民主文明和谐美丽的社会主义现代化强国"。通过实现第一个百年奋斗目标的实践证明：建设社会主义现代化强国的概念内涵，与中华民族从站起来、富起来到强起来的历史逻辑高度契合（中共中央宣传部，2018）。

表 1-1 中国式农业农村现代化演变特征

社会形态	农村形态	农业形态	农民形态	现代化特征	经济形态	科技特征
原始社会	原始村落	原始农业	原始人	—	茹毛饮血	刀耕火种
传统社会	自然村庄，一元化的封建社会	传统农业	传统农民	三十亩地一头牛，老婆孩子热炕头	小农经济，自给自足	畜力、铁器、手工工具等世界第一
1840年	村庄，工农城乡二元		转型农民	0，西学东渐	工业化冲击＝现代化	半封建半殖民地—发展中国家
1949年	新中国		站起来	1，经济—富强	马—恩主义 一产经济，集体经济 计划经济	良种化、机械化、水利化、化学化
20世纪五六十年代	人民公社	化石农业	公社社员	楼上楼下，电灯电话；干活不用牛，点灯不用油		
十一届三中全会	农村改革，包产到户	基础地位	富起来		初级阶段，混合经济 西方发展经济学 2006年取消农业税 社会主义发展经济学	
十三届八中全会	以农养工，城进村退	重中之重	三农小康	2，＋政治—民主		生物技术
十六届五中全会	以工促农，以城带乡	优先发展		3，＋文化—文明		信息技术
十七大	工农互促，城乡互补			4，＋社会—和谐		
十九大	宜居宜业的和美乡村	现代农业	强起来	5，＋生态—美丽		全产业链技术，世界第二
现代社会			职业农民	强富美高	三产融合，中国梦	创新型国家、现代化强国

三、中国式现代化正在由被动式现代化向主动式现代化转型

在世界历史的坐标上,中国式现代化是后发国家的现代化。西方发达国家发展是一个"串联式"的过程,工业化、城镇化、农业现代化、信息化顺序发展,发展到当前水平用了200多年时间。中国发展是一个"并联式"的过程,工业化、信息化、城镇化、农业现代化是叠加发展的,中国全速奔跑在现代化的赛道上,从"现代化的迟到国"成为"世界现代化的增长极""最大经济和社会变革的实验室"(中共中央宣传部,2021)。

针对新时代世界正经历百年未有之大变局的现实,当今时代的主题依然是"和平与发展",新兴市场国家和发展中国家的崛起以及人类面对的共同挑战是支撑时代主题的两大要素。中国已成为世界第二大经济体,呈现出由量变到质变的飞跃,突破了现代化经济发展路径只有发达国家经验可借鉴的单一模式。起源于西方经济学的发展经济学关于现代化理论的"二元结构"假设和"现代化=西方化"线性发展路径已经显现出狭隘的纯西化和历史的局限性。我们向以西方经济学为基础的发展经济学寻求理论借鉴,并不仅仅是为了在指导社会主义市场经济发展上得到一定启示,受到某些帮助,更为重要的是通过这种学习、借鉴,能够在我们已经具有的经济、政治、文化、历史、哲学等传统的基础上,创立一门社会主义的发展经济学,这是历史的呼唤、时代的期盼,我们期望着社会主义发展经济学能够"花开枝头""红杏出墙"。党的十八届五中全会强调:破解发展难题,厚植发展优势,必须牢固树立并切实贯彻创新、协调、绿色、开放、共享的新发展理念。坚定道路自信、理论自信、制度自信、文化自信[①],党的十九大明确提出分两步走全面建成社会主义现代化强国的战略安排,完整地勾画了我国社会主义现代化建设的时间表、路线图,确立了党和国家事业长远发展的宏伟目标,2035年基本实现现代化参照了世界中等发达国家的发展水平,跻身创新型国家前列,2050年则是中国特色标

---

① 资料来源:习近平总书记在庆祝中国共产党成立95周年大会上的讲话。

杆,即把我国建设成为综合国力和国际影响力领先的社会主义现代化强国,农业农村现代化道路亦然。

四、农业农村现代化是中国式现代化的重大命题

从百年党史看,"三农"问题始终是革命、建设、改革各个时期关乎全局的重大问题;从大历史观看,只有深刻理解了"三农"问题,才能更好地理解我们这个党、这个国家、这个民族(唐仁健,2021)。没有农业农村现代化,就没有整个国家现代化,最大的短板在农村、最大的潜力也在农村,优先探索农业农村现代化道路是解决我国现阶段社会主要矛盾的基础和关键。实施乡村振兴战略,要全面贯彻落实党的十九大精神,以习近平新时代中国特色社会主义思想为指导,加强党对"三农"工作的领导,坚持稳中求进工作总基调,牢固树立新发展理念,落实高质量发展的要求,统筹推进"五位一体"总体布局和协调推进"四个全面"战略布局,坚持把解决好"三农"问题作为全党工作的重中之重,坚持农业农村优先发展,按照产业兴旺、生态宜居、乡风文明、治理有效、生活富裕的总要求,建立健全城乡融合发展体制机制和政策体系,统筹推进农村经济建设、政治建设、文化建设、社会建设、生态文明建设和党的建设,加快推进乡村治理体系和治理能力现代化,加快推进农业农村现代化,走中国特色社会主义乡村振兴道路,让农业成为有奔头的产业,让农民成为有吸引力的职业,让农村成为安居乐业的美丽家园(习近平,2018)。农业农村现代化是实施乡村振兴战略的总目标。在 2020 年全面实现小康社会的基础上,到 2035 年,乡村振兴取得决定性进展,农业农村现代化基本实现,到 2050 年,乡村全面振兴,农业强、农村美、农民富全面实现[①],系统地回答了新时代中国农业农村现代化的内涵是什么。即:城乡融合一体化背景下实现农业现代化、农民现代化和农村现代化的"一融三化",目标为城乡融合度高、农业强、农民富和农村美的"高强富美"。

---

① 资料来源:《中共中央 国务院关于实施乡村振兴战略的意见》。

五、中国式农业农村现代化的主要特征

当前,我国正站在新的历史起点上,进入全面建设社会主义现代化国家的新时代,是我们党带领人民迎来从站起来、富起来到强起来历史性跨越的新时代,是农业农村现代化与工业化、信息化、城镇化同步发展,使广大农村居民平等参与现代化进程,共同分享现代化成果的新时代,具有诸多重要特征。

一是以小农户规模巨大为主要特征的农村人口大国的现代化。从国情农情来看,大国小农、农民众多是我国的基本国情,小规模家庭经营是农业的本源性制度。据第三次农业普查数据,我国约有2.07亿户农业经营户,小农户数量占98.1%,占农业从业人员的90%,经营耕地占总耕地面积的70%。如果全国农户平均土地经营规模扩大到100亩①,20亿亩的耕地只需要2 000万户农户,将剩余近2亿户农户、数亿农民何去何从。小农户的演变是一个长期的自然过程,中国特色社会主义乡村振兴道路,最大的特点就是小农户众多并将长期存在,这是农业农村现代化需要长期面对的基本现实,也是中国现代化不可选择的历史起点。实现小农户和现代农业有机衔接,是农业农村现代化要解决的突出难题。

二是以城乡融合大前景为主要特征的城乡互补协调发展的现代化。目前,我国乡村居住的总人口有5亿多人,随着城镇化发展,农村人口离土离乡进城就业定居仍将持续。预计到2035年,我国城镇化人口比例将达到70%,届时,居住在农村人口将超过4.5亿人,这相当于目前美国(3.31亿人)和日本(1.26亿人)两国人口总量之和,也就是说,未来我国不论工业化、城镇化进展到哪一步,城乡都将长期共生并存。正如习近平总书记关于两个客观规律的论述:在现代化进程中,城的比重上升,乡的比重下降,是客观规律,但在我国拥有近14亿人口的国情下,不管工业化、城镇化进展到哪一步,农业都要发展,乡村都不会消亡,城乡将长期共生并存,这也是客观规律。四十年前,我们通过农村改革拉开了改革开放大幕。四十年后的今天,我们应该通过振兴

---

① 1亩≈667平方米,全书同。

乡村，开启城乡融合发展和现代化建设新局面。

三是以农业高质高效为主要特征的物质文明和精神文明相协调的现代化。千百年来，农民在广袤的土地上耕种、劳作、繁衍、生息，在创造物质财富的同时，也创造了精神财富。保障粮食安全和提供鲜活农产品是农业的首要功能，2020年中国粮食产量为13 390亿千克，人均474千克。我们用占世界9%的耕地、6.4%的淡水资源，解决了占世界20%人口的吃饭问题。农业除了食品保障功能外，还有生态涵养、休闲体验、文化传承、社会稳定等功能，而且越往后，现代化越推进、经济越发展，农业多种功能、乡村多元价值在经济社会中的地位越重要、在上升。这从理论上回答了为什么在全面建设现代化国家新征程中，"三农"依然极端重要的问题。

四是以农民富裕富强为主要特征的全体人民共同富裕的现代化。更高水平现代化的核心关键，是增加农民收入。党的十八大以来，我国经济增速逐步放缓，尤其是在新冠肺炎疫情造成经济下行压力凸显的情况下，农民收入仍保持较快增长。据统计，2020年我国农村居民人均可支配收入达到17 131元，增速连续多年快于城镇居民，城乡居民收入差距由2012年的3.10∶1缩小到2.56∶1。按照基本实现现代化人均收入翻一番要求，到2035年我国农村居民人均可支配收入将超过3.4万元，年均增速达到5.1%以上，同时城乡居民收入差距进一步缩小。这就要求我国保持一定的经济增长速度，大力发展农村一二三产业和新业态，加快构建促进农民持续较快增收的长效政策机制，让广大农民都尽快地富裕起来。

五是以乡村宜居宜业为主要特征的人与自然和谐共生的现代化。我国有600多个城市，1 500多个县城，再加上2万多个建制镇，这些城镇所占用的建成区面积，到目前大概是12万平方公里①，对于960万平方公里的国土来讲，城市所占的比重相当低，总体来看，在2%~3%，也就是说国土的97%以上是乡村。归根到底，我国农业农村现代化，是农村居民切身需要的现代化，是在国家支持下依靠自己努力进取和奋斗，实现对美好生活的追求。现代化多目标的推进，对农村居民而言，是有优先序的，首要的是实现就地就近充分就业，安居乐业，不断减少外出跨地就业。据用工量测算，目前我国种植业、养殖业

---

① 1公里＝1千米，1平方公里＝1平方千米，全书同。

需要劳动力分别为190万人、807万人，按照2020年乡村劳动力2.88亿人计算，2.78亿个农村劳动力需要转到为种养业服务、产品加工及物流、销售等环节，目前这些人大部分都是异地就业。实践表明，在人均耕地较少的情况下，推动农业从种养环节向农产品加工营销等二三产业延伸，着力发展乡村生产生活生态服务业以及旅游、康养等新业态，实现加工在乡镇、基地在村、增收在户。

六是以乡村地域综合体为主要特征的多模式多类型共存的现代化。近些年来，我国城镇化进程加快，农村自然村落不断消失合并，由2000年的360万个减少到2020年的251万个，村民委员会由73.5万个减少到50.9万个。目前，每个建制村平均有5个自然村落，农村居住人口1 002人，耕地面积251.2公顷，人均耕地0.25公顷。实际情况是，我国从东到西，经济发展水平及人口密度由高到低，年降水、积温等逐渐减少，农业生产条件相对变差，但各地乡村文化底蕴不相同，村庄风貌各具特色。根据发展现状、区位条件、资源禀赋等，我国现有村庄大体可划分为集聚提升类村庄、城郊融合类村庄、特色保护类村庄和搬迁撤并类村庄四种类型。因此，全面推进农业农村现代化，必须立足乡村地域综合体特征，尊重自然和人文地理格局，统筹县域城镇和村庄规划建设，优化功能布局，分类推进，不搞"一刀切"。

六、中国式农业农村现代化的理论依据

中国式农业农村现代化的理论依据是中国式现代化理论体系指导乡村战略实施的具体应用，战略范畴、战略目标和战略步骤一脉相承，结合中国国情、民情和农情，可以概括为"农民主体论"，以农民核心的农业农村现代化。为推进农业农村现代化，在不同的历史时期，立足实际和发展要求，党和政府都对农业农村提出了不同的发展方略和一系列重大举措，贯穿始终的一条主线，是把坚持农民主体地位作为根本要求和各项工作的出发点、落脚点，如新民主主义革命时期的"三十亩地一头牛，老婆孩子热炕头"，贯彻到革命和建设的全过程、体现到革命和建设的各个方面，再到社会主义改造时期的"楼上楼下，电灯电话；干活不用牛，点灯不用油"，未来的中国，"城镇乡村一样棒，

共同富裕谋'大康'。"坚持农民主体地位，以农民主体性建设为核心，树立人民至上的理念，在经济上维护农民利益，在政治上保障农民权利，激发农民积极性、主动性、创造性，不断满足农民对美好生活的向往，总结起来可概括为农民主体论，这一具有中国特色的农业农村现代化理论，其内涵的提出和确立，是出于我国革命和建设的实践需要，致力于解决我国各个历史发展阶段中存在的主要问题，是为了革命和建设的实践而产生的一个重大理论，也是在中国探索现代化百年实践的基础上不断形成的理论创新。

当前，我国人均 GDP 已达到 1.25 万美元，城乡人民生活全面实现小康，农业农村现代化建设进入新的历史时期。从现代化发展的水平和层次上划分，我国从东部到西部，大体上呈现由高到低的分布，呈现出发展上的阶段性、地域性和差异性特点。尽管各地发展程度和水平不一，但对追求农业农村现代化的期望和努力始终如一，一往无前，在现有的发展基础上，统筹规划，分区施策，分类推进，进一步发挥地域资源禀赋优势，加快补上农业农村短板，破除制约城乡融合发展的体制机制障碍，实现巩固拓展脱贫攻坚成果同乡村振兴有效衔接，整体谋划乡村产业、人才、文化、生态、组织振兴，为农民就业增收赋能聚力，全面协调推进现代化进程。

浙江省是我国东部地区经济发展强省，2020 年年末人口已达 6 468 万人，其中城镇人口占总人口的比重为 72.17%。据统计，2020 年浙江省农村居民人均可支配收入首破 3 万元，连续 36 年位居全国第一，目前浙江省已消除年家庭人均收入 8 000 元以下的情况。浙江省提出，通过五年努力，到 2025 年发展成为全国农业农村现代化的先行示范，主要目标是：①实现三个"万元新增"，即人均农业劳动生产率从 2020 年的 4.1 万元增加到 5.5 万元，农民人均收入从 3.193 万元增加到 4.4 万元，低收入农户人均收入从 1.436 5 万元增加到 2.4 万元；②三个持续缩小，即城乡收入倍差从 1.96 缩小到 1.9 以内，低收入农户与全省农民收入倍差从 2.22 缩小到 1.9 以内，山区 26 县农民与全省农民收入倍差从 1.32 缩小到 1.2 以内；③三个"基本翻番"，即新时代美丽乡村达标创建建制村覆盖率由 57%增到 100%，建制村村级集体经济总收入最低收入水平从 10 万元增加到 20 万元，省级善治（示范）村覆盖率由 29.5%增到 50%以上。为实现上述目标，浙江省将实施产业促共富、建设促共富、帮扶促共富、农村改革促共富、数字促共富五大"促共富"行动，奋力打造农业农村领域高质量发展，推进共同富裕标志性成果。

河南省是我国中部的农业大省和粮食大省，2020年年末人口9 941万人，其中城镇人口比重55.43%。全省有近5万个建制村和4 430万农村人口。据统计，2020年河南省农村居民人均可支配收入16 108元，粮食产量1 365亿斤（1斤=0.5千克，全书同），年调出600亿斤原粮及其加工制成品。全省有农民专业合作社19.3万家、家庭农场25万家，土地适度规模经营面积占比达69.3%。双汇、思念等知名品牌的农产品加工业，是河南省两个万亿级产业之一。目前，河南省95%的建制村生活垃圾得到有效治理，但生活污水处理率仅为30%。全省53个贫困县摘帽，9 536个贫困村全部出列，718.6万名建档立卡贫困人口全部脱贫。"十四五"时期，河南省规划，推动农业农村现代化，推动乡村振兴实现更大突破，须在提升粮食核心竞争力、农业高质量发展、乡村建设等方面走在全国前列，持续改善农村水、电、路、气等基础设施条件，支持5G、物联网等新基建往村覆盖、向户延伸，建立健全县域内城乡一体的就业创业、教育、医疗、养老、住房等政策体系，强化县城综合服务能力，把乡镇建成服务农民的区域中心，加快推进城乡基本公共服务均等化。

甘肃省是我国西部省份，农业农村发展落后，2020年年末人口2 501万人，其中城镇人口占比52.23%，全省农村居民人均可支配收入为10 344.3元，仅为全国人均水平的60%；城乡居民收入差距大；已脱贫的建档立卡贫困人口人均纯收入8 539元，低收入群体占比大。"十三五"期间，甘肃省龙头企业总数达到3 096家，销售收入突破1 000亿元。近些年来，甘肃省农村面貌发生较大改观，大多数村庄达到了干净整洁的基本要求。2019年以来，甘肃省卫生厕所普及率达33.2%。总的看来，未来甘肃省巩固拓展脱贫攻坚成果任务艰巨，农民增收面临较大压力。城乡融合发展水平不高，乡村建设投入不足，人才流失和青壮年劳动力短缺问题比较严重，地区发展不平衡现象更为突出。甘肃省规划，到2025年，全省农村居民人均可支配收入超过15 000元，年均增幅8%以上，主要农作物耕种收综合机械化率达到70%，农产品加工产值实现翻番、达到2 000亿元。农村基础设施和公共服务条件持续改善，自来水普及率达到91%，卫生户厕普及率达到80%，生活污水治理率达到25%，具备条件的自然村（组）通硬化路，农村人居环境全面改观。

从人口的富裕程度来划分，我国还有一类低收入、脱贫时间不长的人口现代化的刚性需求。2021年2月25日，习近平总书记出席全国脱贫攻坚总结表彰大会并发表重要讲话，庄严宣告："我国脱贫攻坚战取得了全面胜利，现行标准下9 899万农村贫困人口全部脱贫，832个贫困县全部摘帽，12.8万个贫困村全部出列，区域性整体贫困得到解决，完成了消除绝对贫困的艰巨任务，创造了又一个彪炳史册的人间奇迹。"习近平总书记强调，"脱贫摘帽不是终点，而是新生活、新奋斗的起点。"据国家农村贫困监测调查，2020年国家贫困县农村居民人均可支配收入12 588元，中西部22省（区、市）1 482.2万户建档立卡户、5 307.4万名建档立卡贫困人口，全面实现了不愁吃、不愁穿，义务教育、基本医疗、住房安全有保障，饮水安全保障持续提升。

通过综合考虑人均地区生产总值、人均一般公共预算收入、农民人均可支配收入等指标，统筹考虑脱贫摘帽时序、返贫风险等因素，2021年国家确定了内蒙古、广西、重庆、四川、贵州、云南、陕西、甘肃、青海、宁夏10个省（区、市）160个国家乡村振兴重点帮扶县，统筹整合各类资源，组织实施补短板促发展项目，增强自我发展能力，让脱贫基础更加牢固、更可持续。对3.5万个易地扶贫搬迁集中安置点（社区），开展搬迁群众就业帮扶专项行动，确保搬迁群众稳得住、能融入、逐步能致富。当前和今后一段时期，要聚焦"守底线、抓增收、促发展"，对丧失劳动能力的脱贫人口和低收入人口，做好兜底保障，及时纳入现有社保体系，保障基本生活需要。抓住产业和就业帮扶两个关键，持续增加脱贫群众收入，努力缩小脱贫群众与其他农民的收入差距。推动脱贫地区产业提质增效、转型升级，积极发展特色优势主导产业和劳动密集型产业，努力缩小脱贫地区与其他地区的发展差距。

从国外现代化发展演变以及我国农业农村发展、贫困人口脱贫致富的轨迹看，我国不同省区经济发展差距大，农业农村现代化很难实现齐头并进，未来将呈梯度式发展，对欠发达地区而言还有很长的路要走。从根本上说，仍需要解决两大问题。

一是农民继续变为城市市民的问题。人口从农村进城镇，从农业进非农产业，由此带来的结构调整是经济增长的巨大动能。2019年我国非农产业劳动生产率为农业部门的4.3倍，而高收入国家的平均水平在2.2~2.5倍，由此意味着劳动力从农业向非农产业、农村人口向城市转移的动力非常强劲，其中中西部城镇化潜力巨大，中心城市和城市群正在成为承载发展要素的主要空间形式，尤其是一亿多名进城农民工加快定居就业，将大幅减少务农人口，有效提高农业劳动生产率，这将为未来我国城镇化和农业现代化发展提供双向动力。

二是广大农村居民安居乐业的问题。当前，我国农村户籍人口还有7.6亿人，农村常住人口有近5亿人。未来即便是率先实现现代化的省区，依然有农村存在。唯有居住在农村的人口收入和生活改善了，对城乡一体的基础设施供给和公共服务的内在需求扩增，带来巨大的投资需求和就业机会，才能不断提高农村经济社会发展的持续性和稳定性，形成需求拉动下的投资、就业、增收和生活水平不断提升的内循环。乡村真正发展起来了，现代化了，我国的总体发展质量才能真正提高。

为推进农业农村现代化，在不同的历史时期，立足实际和发展要求，党和政府都对农业农村提出了不同的发展方略和一系列重大举措，贯穿始终的一条主线，是把坚持农民主体地位作为根本要求和各项工作的出发点、落脚点，贯彻到革命和建设的全过程、体现到革命和建设的各个方面。坚持农民主体地位，以农民主体性建设为核心，树立人民至上的理念，在经济上维护农民利益，在政治上保障农民权利，激发农民积极性、主动性、创造性，不断满足农民对美好生活的向往，总结起来可概括为农民主体论。这一中国特色农业农村现代化理论，其内涵的提出和确立，是出于我国革命和建设的实践需要，致力于解决我国各个历史发展阶段中存在的主要问题，是为了革命和建设的实践而产生的一个重大理论，也是在中国探索现代化百年实践的基础上不断形成的理论创新。

作为一个创新的理论体系，农民主体论是经世致用的理论，根源于党的一贯的理想追求与宗旨。我国的现代化，经历了选择、探索、实践和发展的艰辛历程。革命时期，党是为劳苦大众打天下，为了民族的独立。没有民族的独立，就没有真正意义上的现代化；党领导制定的从第一个五年计划到第十四个五年规划，一以贯之的主题是把我国建设成为社会主义现代化国家。虽然走过弯路，遭遇过困难和挫折，但取得了举世瞩目的伟大成就，实现了从大幅落后于时代到大踏步赶上时代的新跨越。为了国家的富强、人民的富裕，尤其在党的十八大以来，中国共产党对经济形势进行科学判断，对发展理念和思路作出及时调整，明确提出坚持以人民为中心的发展思想，强调人民对美好生活的向往就是党的奋斗目标,坚定不移走共同富裕的道路,开启全面建设社会主义现代化国家新征程,把"三农"工作作为全党工作的重中之重,全面推进农业农村现代化,作为庄严的历史使命,在发展的目的上坚持发展为了农民,在发展的动力上坚持发展依靠农民群众的积极性和创造性,充分体现了农民的主体性。农民主体论的内涵,从建党百年的历史实践看,归结起来,主要体现在以下四个方面。

一是耕者有其田。自古以来,中国综合国力曾长期居世界前列。但到清朝中后期,特别是1840年鸦片战争之后,由于西方列强对我国侵略,以及当政者腐败无能,中国发展陷入停滞,逐渐成为半殖民地半封建社会,我国错失了工业革命的机遇,大幅落后于时代,农业生产力极为落后,土地兼并加之苛捐杂税,自然灾害加之战乱破坏,致使大量农民破产沦为雇农甚至流民,全国有80%的人长期处于饥饿、半饥饿状态。在中华民族面临内忧外患的危急关头,诞生了中国共产党,担负起救国救民的历史使命。在土地革命战争时期,中华苏维埃政府颁布实施《中华苏维埃共和国土地法》,让农民在政治上翻身,经济上分到田地,获得基本生存权利。全面抗日战争时期,党领导陕甘宁边区实行"减租减息"政策。解放战争时期,制定土地法大纲等文件,在拥有一亿多人口的解放区开展土地改革,实行耕者有其田,废除封建土地所有制,消灭了封建生产关系。

二是耕者有其利。中华人民共和国成立后,国家实施土地改革,对农业进行社会主义改造,促进了农民走"互助合作道路"。此后,为保障工业化进行,国家对农产品"统购统销",利用工农产品价格"剪刀差",将农业剩余用于工业化建设,以农养工,造成农业农村发展受损;同时为避免农民大量进城,建立城乡户籍制度,形成城乡二元经济格局,束缚了"耕者有其利"的发展空间。改革开放后,国家取消统购统销政策,在农村实行市场化改革,确立农村土地等农民相关资产的用益物权,允许农民自主经营,开放农村劳动力进城务工、就业定居,加大以工促农、以城带乡的发展力度,投资农业现代化发展、农村产业体系建设和乡村振兴,依靠科技进步促进农业资源综合开发和农村生产力大发展,加快形成城乡经济社会发展一体化新格局,进一步保障并激发了农民经济权益的实现和提升。

三是耕者有其权。毛泽东同志早在1926年1月就曾提出"农民问题乃国民革命的中心问题"，其根本在于使耕者有其田、有其利、有其权。随着这三大目标的逐步实现，我国农民的主体能力和主体意识也同步提升，对民主政治实践的参与和分享也在增多。革命时期，党把农民来之不易的土地成果和其政治参与结合起来，广大农民踊跃参加革命，为保护自身的权利而为之奋斗。中华人民共和国成立后，"耕者有其田"的政策措施不断强化，与之相关的土地政策、家庭联产承包责任制、农村土地制度改革、农村集体产权制度改革等，进一步落实完善了农民的土地权利，赋予了农民更多的财产权利。与此同时，异地就业和居住地自由选择等自主权利的获得，以及乡村治理的积极主动参与，赋予了农民在现代化中更多更大的发展权，农民主体作用被不断地激发起来，努力改善物质生活，追求更加幸福安康的美好生活。

四是耕者有其言。这是乡村治理体系治理能力现代化进程中农民政治地位的标志，《中华人民共和国乡村振兴促进法》提出要"坚持农民主体地位，充分尊重农民意愿，保障农民民主权利和其他合法权益，调动农民的积极性、主动性、创造性，维护农民根本利益"。农民是农村的主人和文化的主体，对农村的体会，没有谁比农民更深切；对重建农村美好家园的期盼，没有谁比农民更强烈；对于农村文化复兴的途径，没有谁比农民更了解农村的历史、当下与未来的各种资源。在农业农村现代化的进程中，农民要有自己的话语体系。

我国基于本国国情发展现代化，既体现了全人类对现代化的共同追求，也有着鲜明的中国特色。我国的现代化，是全体人民共同享有发展成果的现代化。不让一个人掉队，不让一个区域落下，体现了实现人的全面发展和实现全体人民发展的有机统一，体现了实现共同富裕的社会主义本质要求。农业农村现代化是国家现代化的重要组成，在新时代，进一步丰富和发展农民主体论内涵，推进农业农村现代化建设，促进农业高质高效、乡村宜居宜业、农民富裕富足，主要体现的是广大农民的主体供给和需求不断被满足，突出表现在以下六个方面。

一是耕者沃其田。土地是农民的命根子，土地的产出，不仅能让农民自给自足，还能保障国家粮食有效供给，把中国人的饭碗牢牢端在自己的手中。农民人均拥有承包地的数量越多、质量越高，产出的农产品就越多、越丰富，这就意味着现代化农业，是规模化的农业。截至2020年，全国家庭农场名录填报系统填报数量超过300万个，依法登记的农民合作社222.5万家，从事农业生产托管的社会化服务组织44万个，托管面积超过1亿公顷次，覆盖小农户6 000万户，农村承包地流转总面积3 700万公顷，农业生产组织化和规模化水平不断提高。从发达国家农业演变情况看，家庭农场规模由小变大，其中小型农场属于自给型，家庭劳力还需在本地兼业，大型农场产出多、获得补贴多、收入高，属于商业型，还需雇用人员。未来我国实施家庭农场培育计划，健全专业化社会化服务体系，其目的是推进形成新型农业经营主体，同时发挥新型农业经营主体对小农户的带动作用，引导小农户进入现代农业发展轨道，推进农业适度规模经营，促进农业产中就业向后续加工营销就业转移，向非农就业转移，形成专业型农户和兼业农户，健全产业链，打造供应链，提升价值链。为顺应农民对承包地增产增收的需求，国家在加强耕地数量保护的基础上，还应进一步完善农田水利设施，推进高标准农田建设，增强农业防灾减灾能力，在有限的土地资源上实现更多的产出，提升粮食等重要农产品供给保障水平。2020年我国已建成5 333.3万公顷高标准农田，每亩产能提高10%~20%。未来还需进一步推进高标准农田建设，整体提升耕地质量水平，为农民带来更多的种地收入。

二是耕者增其利。农民种粮能赚钱，国家粮食就安全。在政策保本、经营增效的基础上，未来提升农民种粮收益，增加收入，其中一个最重要的途径，就是要持续推进农业科技创新，实现全产业链的优质优价，推动品种培优、品质提升、品牌打造和标准化生产，提升农业质量效益和竞争力，使农民能多环节获利。地是由农民种的，在农业现代化的国家和地区，无一例外地都是由政府设立农业科研、教育和推广机构，围绕农民对农业提质增效的需求，设立科研攻关项目，向广大农业生产者提供源源不断的新品种、新品系，先进适用低成本的农机装备和肥料等农用生产资料。在我国，广大农民是现代化农业的生产者，是科技成果的应用者和受益者。实践表明，每一次的农业新品种的更新应用，单位土地面积的产出量增幅都在10%以上，同样的农产品若是品质优良，其市场售价都要明显提高。在农村，最大的凝聚力就是给农民最大的利益。在推进耕地精耕细作的同时，还要盘活农村集体土地，深化产权制度改革，激发农村集体资源变资产、资产变资本、资金变股金、农民变股东的内生发展动能，让村民在集体资产收益里得到分红，增加收入。截至2019年年底，全国共有43.8万个村完成集体产权制度改革，共清查核实集体账面资产6.5

万亿元，其中经营性资产3.1万亿元；资源性资产总面积65.5亿亩，其中宅基地面积1.7亿亩；集体经营收益超过5万元以上的村占到48.2%，集体成员累计分红超过3 800亿元。我国农村集体产权制度改革，是一场涉及3.6万个乡镇、51万个建制村、490万个村民小组及2亿多个农户、7亿多个农村户籍人口的重大制度创新，实现了从过去农民群众"看得到、算不清、管不了"到"既当家、又监管、还分红"的转变。随着集体经营性资产股份合作制改革全面放开，未来我国农村集体经济发展潜力巨大，农民的获得感、幸福感将明显增强。

三是耕者乐其业。农业农村现代化一个最重要的标志，就是要实现广大农村居民就地就近就业。现阶段，我国农民工是候鸟型就业，是城镇化工业化进程中出现的流动性就业，是城乡二元分割制度下的不稳定就业，这种就业将是暂时的，最终将会消失。据统计，2020年，美国的农业、食品及相关行业，为美国国内生产总值贡献了1.055万亿美元，其中农场的产出贡献仅为1 347亿美元，农业、食品及相关产业提供了全美1 970万个就业机会，其中农场仅提供了260万个就业岗位，农场外就业是农场就业的6.6倍。农场外的产出贡献是农场产出的6.8倍，农业的后续加工、流通和消费是农业产业链增值和就业的主要环节，这也是现代化农业发展的必然趋势。目前，我国农业耕种收综合机械化率较高，农业种养环节用工少。据统计，2020年我国三种粮食平均用工仅为4.44日，散养生猪每核算单位用工为5.99日，规模生猪仅为1.98日。据核算，2020年，我国农业及相关产业增加值16.69万亿元，占国内生产总值的比重为16.47%，农业及相关产业增加值是农林牧渔业增加值的2.05倍，与美国相比较，我国农业产业链短，后续加工营销不足，增值升值和吸纳就业的空间大。长期以来，我国食品加工业主要布局在城市，加之乡村居住分散，难以形成人口聚居的规模经济效应，生产生活服务业短缺，劳动力外出打工，留守农村的多是老人、儿童。未来必须把产业链主体留在县域以内，以健全现代农业产业体系、生产体系、经营体系为重点，大力拓展农村二三产业，优化乡村休闲旅游业，发展乡村新型服务业，加快农村电子商务发展，把就业机会和产业链增值收益留给农民，使农民能在住地附近稳定就业，享受美好乡村生活。

四是耕者安其居。经过多年的建设，我国绝大部分村庄实现了通公路、通电、通电话、通有线电视信号和宽带。农村人居环境逐步改善，但与广大农民的期望相比较，仍有相当大的距离。截至 2020 年年底，我国农村每百户年末家用汽车拥有量 26.4 辆，农村自来水普及率 83%，农村生活污水处理率 34.87%，卫生厕所普及率 81.7%，农村社区综合服务设施覆盖率 65.7%。从"硬件"看，虽然公路、互联网等基本实现了村村通，但信息流、物流、人才流还没有畅通起来，从"软件"看，农村教育、医疗、养老、托育等公共服务保障水平依然不高，城乡间、人群间的服务差距明显，已成为影响农村居民获得感、幸福感、安全感的重要因素。未来顺应农村居民高品质的生活需求，要以农民为主体，把投入资金和农村居民切身需求紧密结合，解决政府干、农民看的问题，全面推进美丽乡村建设。要围绕农业农村绿色发展，进一步提升农村供水保障水平，加强乡村清洁能源建设，建设农村物流体系；因地制宜推进农村"厕所革命"，加强农村污水和垃圾收集处理设施建设，加强农业面源污染治理，保护修复农村生态系统，突出地域特色，体现乡村风情，整体提升村容村貌；加强农业农村基础设施建设，稳步推进建设"四好农村路"，完善农村交通运输体系，加快城乡冷链物流设施建设，以基础设施现代化促进农业农村现代化；加快数字乡村建设，全面推进健康乡村建设，优化农村消费环境，扩大农村消费，聚焦交通便捷、生活便利、服务提质、环境美好，建设宜居宜业的农民新家园。

　　五是耕者享其权。在现代化进程中，广大村民是乡村建设的主要参与者、受益者和评价者。村民依法享有并行使其权利，是村民作为现代化主体的基本要求。实践表明，激活农民主体意识，提升农民主体能力，既要赋权于民，又要赋能于民，实现赋权和赋能的互促互进。从赋权看，我国颁布实施了《中华人民共和国乡村振兴促进法》，将维护农民主体地位、尊重农民意愿、保障农民合法权益摆在突出位置。该法规定，坚持农业农村优先发展，在要素配置上优先满足，在资金投入上优先保障，在公共服务上优先安排，必须要切实落实落地，做到有法必依、执法必严、违法必究，以保障农民在城乡现代化中获得牢固的优先发展权。须知，依法促进乡村振兴，是最有力、最科学的促进。从赋能看，我国农业农村现代化，是前所未有的乡村全面发展的新形态，需要现代化主体农民掌握多项技能。2020 年，四川省成都市培育持证农业职业经理人 1.72 万名，引进各类人才下乡 10.5 万人，返乡创业新农人成为乡村产业振兴的主力军。要就地培养更多爱农业、懂技术、善经营的新型职业农民，大幅度增加农村人力资源开发投入，以家庭农场主和农民合作社带头人为重点，加强高素质农民培育，完善各类人才下乡机制，到乡村创业就业。加强农村思想道德建设，持续推进农村移风易俗，培养新时代农民。

六是耕者共其富。走共同富裕之路，不是结果上的均贫富，而是在现代化进程中做到发展机会平等，打破城乡分隔发展的体制机制，促进城乡要素平等交换、双向流动，促进要素更多向乡村集聚。推进乡村振兴的主战场是县域经济的发展。据研究，2020年我国有39个GDP千亿县，以全国陆地面积的0.68%，承载了全国3.43%的人口，贡献了全国5.78%的GDP，这些县域从GDP 500亿元翻一番，平均时长6.1年，目前还有100个县在此区间努力实现经济跨越。未来的重点是：要大力推进以县城为重要载体的城镇化建设，增强县域人口吸纳和产业集聚的功能，促进农民在县域内就近就业、就地城镇化，使农民形成投资的信心、置业的愿望和创业的动力。要尊重农民的意愿结合农村实际，分类规划，推进农村小城镇建设，建设重点镇，把乡镇建设成为服务农民的区域中心。建立健全城乡统一的建设用地市场，完善城乡建设用地增减挂钩的收益分配机制，将更多的用地收益用于乡村振兴。进一步完善财政转移支付和城镇新增建设用地规模与农业转移人口市民化挂钩政策，优先保障乡村产业发展、乡村建设用地，引导社会资本投向农业农村，发展休闲农业、乡村民宿、农产品初加工、农村电商等。强化高质量发展和绿色生态导向，构建新型农业补贴政策体系，推动建立"三农"财政投入稳定增长机制，完善金融支农激励机制。改善脱贫地区发展条件，推动脱贫地区特色产业可持续发展，促进脱贫人口稳定就业，健全农村低收入人口和欠发达地区帮扶机制，增强脱贫地区内生发展能力，让脱贫群众过上更加美好的生活，逐步走上共同富裕道路。

七、中国式农业农村现代化的监测评价

党的十八大以来特别是近年来，在乡村振兴战略实施下，全国各地因地制宜推进农业农村现代化取得重要进展，我国农业农村现代化内涵特征不断丰

富。基于上述中国式农业农村现代化理论内涵研究，客观评价农业农村现代化发展水平，了解农业农村现代化的区域差异，把握农业农村现代化的前进方向，必须以习近平新时代中国特色社会主义思想为指导，顺应农民主体需求，体现上述六个方面的内涵特征，在农业现代化、农村现代化、农民现代化和城乡融合四个方面构建出一套相对完整、可计量、可操作性强的发展评价指标体系，这也是本书的研究重点之一。进而在全国及各地区开展农业农村现代化监测评价实践，开展农业农村现代化基本实现时间表预判，发现问题，找出差距和潜力，厘清发展优势和重点，突出目标引领，充分发挥监测评价"晴雨表"和"风向标"作用，以评促建，推进地方"十四五"规划实施过程有监测、落地效果有质量，助力整体提升乡村振兴战略高质量发展和农业农村现代化实现水平。

参考文献

马克思，恩格斯，2009. 马克思恩格斯选集［M］. 北京：北京人民出版社.

唐仁健，2021. 中国共产党农史纲要［M］. 北京：中国农业出版社.

习近平，2018. 走中国特色社会主义乡村振兴道路（2017年12月28日）. 论坚持全面深化改革. 北京：中央文献出版社.

中共中央宣传部，2018. 习近平新时代中国特色社会主义思想三十讲［M］. 北京：学习出版社.

中共中央宣传部，2021. 习近平新时代中国特色社会主义思想学习问答［M］. 北京：学习出版社/人民出版社.

第二章 国内外现代化评价研究进展及经验借鉴

一、国外现代化评价相关研究

1. 农业农村现代化评价研究与实践

国外学者直接针对农业农村现代化评价开展的研究相对较少，选择的角度也各不相同。Huffman 等（2001）选择产量、利润、就业、生活质量、公平性、股权分红、环境保护、资源利用、产品质量等方面构建农业现代化指标体系；Parra-lopez 等（2008）从经济价值、利益相关者的角度建立多标准评价为一体的多功能农业指标体系；Rezaei-moghaddam 等（2008）和 Carof 等（2013）则重点关注可持续发展，从经济、环境、污染和发展四个层面进行农业现代化指标构建。在评价实践上也有少量报道，如国际食品政策中心（IFPRI）对东南亚国家农业现代化程度进行了评估，主要指标包括农业生产力和自然资源，农业生产增长（优质种子使用、机械化程度、价值链和出口贸易、农业多种经营），城镇化程度和营养转化（人均卡路里和蛋白质摄入、少儿发育迟缓和肥胖比例、妇女和儿童贫血比例、成年人糖尿病比例），创新和农业转型（公共投资新技术发展、铺设道路的比例、私人投资新技术比例、商业农业信用额、非农就业比例、受教育程度、农户规模和生产效率）。欧盟虽然不明确开展农业农村现代化评价，但是其每个阶段的农业政策均会明确提出政策目标,也是欧盟农业农村的发展目标,比如欧盟最新提出的 2023—2027 年的农业政策目标包括增强农业竞争力、加强农户在产业链的地位、积极应对气候变化、保护环境、改善农业景观和生物多样性、农民世代更新、农村建设、保证食品和健康、增强知识和创新、保证收入公平十项内容①。

2. 农业可持续发展评价研究与实践

相对来说国外学者对于农业可持续发展的评价研究较为丰富,通常的研究思路是运用不同的标准或数学方法筛选评价指标,制定综合评价体系,然后进行农业可持续发展水平的比较。Sands 等(2000)从农业可持续发展的角度构建了 15 个分项指标的 ESI 指标体系。Andreoli 等(2000)首先通过对信息质量的探讨提出了如何获得整体性评价的几个标准,进而提出分析农场可持续发展的两种方法。从单位农业劳动收入、农场净收入、不可再生投入价值等方面对农场农业可持续发展能力进行了测算。Cauwenbergh 等(2007)提出了农业和环境的可持续性评价(安全)框架,其中包含进行农业可持续评价的原则、标准和指标体系等核心内容,分为基础指标层,农场一级指标层以及更高的指标层次,该框架重视农业生态系统的多功能性,指出环境、经济和社会是健全农业生态系统的支柱,对合理评价农业发展水平和农业政策制定有重要意义。Thivierge 等(2014)等从土壤、水、空气和生物多样性 4 个层面选取土壤有机质含量、土壤磷饱和度、耕地排水能力、耕作方式、作物多样性、病虫害管理水平等 23 项指标对农场的环境可持续性进行了评估。Gerdessen 等(2013)将 2 个经济指标、2 个社会指标、4 个环境指标转化为 3 个维度的分析体系,并使用数据包络模型对欧洲 250 个农业区的农业现状进行了分析。Dong(2015)首先使用主成分分析的方法对数据进行处理,以减少数据的共线性,转化分类数据为连续数据,然后使用数据包络分析技术对不同的农场给予评分比较,在美国威斯康星州农场的实证应用表明,一些农场可以采取相应的措施来提高整体行业的可持续发展绩效。

---

① 资料来源:https://agriculture.ec.europa.eu/common-agricultural-policy/cap-overview/new-cap-2023-27/key-policy-objectives-new-cap_en。

3. 农民现代化评价研究与实践

国外关于农民现代化的评价研究鲜有报道，但是从"人"的角度开展的"人"的现代化评价对我国农民现代化评价有较强的借鉴意义。英格尔斯（1985）是首位设计了测量人的现代化指标体系的学者。英格尔斯构建了测量人的现代化程度的指标体系，该体系共包括积极的公共参与、期望（教育期望和职业期望）、老年化与老人、变化取向、消费态度、效能感、计划、意见、信息、大众传播媒介、乐观主义、社会阶级分层、对技能的评价、工作义务、可靠性、公民资格、尊严、家庭大小、国家认同、亲属责任、新经验、特殊主义、宗教、对时间的评价、理解力、妇女权利26个一级指标，并运用模型分析、专题考察、抽样调查、行为测量等研究方法对阿根廷、智利、印度等6个发展中国家人的现代化程度进行了研究。该体系以20世纪60年代的工业化为背景，有些指标已过时，且其核心价值观是个人主义，与我国强调的整体取向和"天人合一"的理念相悖，但其关于测量创新、期望、变化取向、效能、乐观、计划等的指标值得借鉴。日本早在20世纪50年代就确立了日本人现代化的目标，从1953年开始，日本每隔5年就对本国国民在现代化过程中的生活态度、理想信念、价值观念、团队精神等方面的变化进行一次实证研究，根据研究所显示的变化及时对教育、文化政策进行调整，引导人的发展。苏联社会学家B·奥西波夫认为要切实推进人的现代发展，必须在经验层次上指定人的发展指标，以客观测定苏联人的文化发展和职业训练水平、生活方式和生活质量以及对待社会经济与社会政治目的的态度。该指标体系将人的活动分成自然再生产、社会生产活动、社会经济活动、社会政治活动、非生产活动、精神活动六类，探究各种社会状况的客观条件对人的活动内容与性质的影响，以及影响人们对各类社会目的的真实态度，进而探究了人们对社会状况的主观感受。

4. 城乡融合评价研究与实践

国外关于城乡融合的研究起步较早，但仍以揭示城乡融合内涵、理论基础和具体操作措施等探讨性研究为主。在定量评价方面的相关研究不多，评价对象（内容）较为单一，以城乡农业发展、城乡土地、城乡教育、城乡福利等单一视角为主。Boudet 等（2020）选取市场准入、人口密度、农业用地总量、氮肥施用量、有效灌溉面积、平均产量等指标来分析城乡融合发展水平对农业土地管理的影响。Azam（2019）用月人均消费支出来衡量城乡融合发展过程中福利差异的变化，并选取家庭人口特征、人力资本、职业、居住状态等因素研究对福利差异变化的影响。

二、我国农业农村现代化评价研究进展

1. 农业农村现代化相关评价

农业现代化评价一直是我国相关学者研究的重点和热点，早在 20 世纪 80 年代末、90 年代初就有专家对制定我国农业现代化指标体系作出了初步有益的尝试（李恩泽 等，1991；刘巽浩 等，1995），而后各个阶段均有学者从不同角度开展农业现代化指标体系研究，特别是 21 世纪初涌现了大量的相关研究。劳动生产率、土地产出率、资源利用率、农业经济效益、系统综合效益等效率、效果、效益类指标主题最多（李恩泽 等，1991；黄祖辉 等，2009；刘云菲 等，2021）；农业投入水平、农业产出水平等农业投入产出类指标也常出现（辛岭 等，2010；刘云菲 等，2021）；农业生产技术、农业生产条件等生产条件类指标在早些年份的研究中较为常见（李恩泽 等，1991；刘巽浩 等，1995；柯炳生，2000）；农业可持续发展和农业生态现代化等生态相关指标也慢慢受到重视（辛岭 等，2010；谭爱花 等，2011）；而最近的研究中，刘云菲等（2021）将产业融合程度和科研创新能力等指标也纳入农业现代化评价主题中。除了农业生产本身的现代化之外，农业现代化与农业的载体——农村现代化和农业的主体——农民现代化密不可分，如李恩泽等（1991）将农民生活水平、柯炳生（2000）将农业外部条件、辛岭等（2010）将农村社会发展水平、谭爱花等（2011）将农业社会现代化纳入农业现代化评价指标中。近年来，学者们对农村和农民现代化评价的研究也日益增多。龙冬平等（2013）从乡村经济发展、农业生产发展、乡村社会发展三个方面构建了乡村发展水平评价指标体系。马芒等（2011）和王雅静（2013）分别构建了农民

素质现代化评价指标体系和农民现代化评价体系。城市与乡村的关系一直是相辅相成的，有学者建立了新型工业化、新型城镇化、农业现代化协调发展评价指标体系，对中原经济区 18 个主要城市的"三化"协调发展水平进行了评价（徐君，2012）。胡晓群等（2015）以重庆为例对城镇化与农业现代化协调度进行了评价与分析。

2. 农业农村现代化整体评价

从 2017 年国家乡村振兴战略提出农业农村现代化，同时确定农业农村现代化为乡村振兴总目标后，掀起了农业农村现代化评价研究的新高潮。很多学者尝试构建农业农村现代化评价指标体系，从整体框架来看尚未形成统一的共识，评价的重点也各不相同。有的从农业现代化和农村现代化两个层面构建（李刚 等，2020；周彦莉 等，2021；覃诚 等，2022；姚清，2022），有的将农民现代化纳入农业农村现代化评价中，章磷等（2021）以及刘英等（2021）从农业现代化、农村现代化和农民现代化三个方面构建指标体系，分别对黑龙江省和湖南省农业农村现代化发展水平进行了评价。另外，张玉英等（2021）、何正燕等（2022）在"三农"现代化的基础上增加了城乡融合，构建了涵盖四个子系统的农业农村现代化评价指标体系。梁俊芬等（2022）相对弱化了农民现代化的比例，将其融入农村现代化中，从农业现代化、农村现代化和城乡融合三个方面构建了珠三角地区农业农村现代化评价指标体系。毛小报等（2022）从农业现代化、农村现代化、农民现代化、乡村智治现代化和城乡融合发展五大领域对浙江省 2017—2019 年农业农村现代化情况进行评价。有学者在农业农村现代化评价中强调底线思维，如姜长云等（2021）构建的 2035 年中国特色的农业农村现代化指标体系中包含农业农村高质量发展、乡村高品质生活和坚持底线思维三个类别。国务院发展研究中心农村经济研究部课题组（2021）从农业现代化、农村现代化和底线任务三个方面构建了农业农村评价指标体系。另外一些学者则将农业农村现代化作为一个整体，从其他构成要素方面入手构建评价指标体系，如赵颖文等（2018）以及秦纪法等（2022）从要素投入、发展支撑、产出效益及多功能拓展四个维度构建了农业农村现代化综合评价指标体系。张杰（2021）从经济现代化、社会现代化和生态现代化三个方面构建了农业农村现代化评价指标体系。也有专家结合乡村振兴的二十字方针，直接从产业兴旺、生态宜居、乡风文明、治理有效和生活富裕五个方面开展农业农村现代化评价（张应武 等，2019）。

从国内外农业农村现代化相关研究综述来看，农业农村现代化是一个复杂系统，多指标综合评价是最主要的研究方法，但是不管是国内还是国外，不同的学者根据自身研究重点的不同构建的评价指标体系均有所不同，并且具有明显的时代特征。因此在新时代中国式农业农村现代化有其全新的内涵和理论框架，以评促建目标下的评价指标体系也具有新的时代特征，为国家基本实现和全面实现农业农村现代化的时代目标，亟须提出一套相对统一的评价指标体系开展科学精准的农业农村现代化评价。

参考文献

国务院发展研究中心农村经济研究部课题组，2021. 新发展阶段农业农村现代化的内涵特征和评价体系［J］. 改革（9）：1-15.

何正燕，张艳荣，2022. 甘肃省农业农村现代化发展水平测度及障碍因子研究［J］. 中国农机化学报，43（2）：229-236.

胡晓群，沈琦，徐恭位，2015. 城镇化与农业现代化协调度评价与分析——以重庆市五大功能区为例［J］. 中国农业资源与区划，36（4）：16-22.

黄祖辉，林本喜，2009. 基于资源利用效率的现代农业评价体系研究——兼论浙江高效生态现代农业评价指标构建［J］. 农业经济问题（11）：20-27.

姜长云，李俊茹，2021. 2035年中国特色的农业农村现代化指标体系研究［J］. 全球化（4）：92-108，136.

柯炳生，2000. 对推进我国基本实现农业现代化的几点认识［J］. 中国农村经济（9）：17-25.

李恩泽，石玉山，丁杰，1991. 关于我国农业现代化指标体系及其量化标准的探讨［J］. 农业现代化研究（6）：17-18.

李刚，李双元，2020. 青海省农业农村现代化发展水平研究［J］. 农业现代化研究，41（1）：24-33.

梁俊芬，蔡勋，冯珊珊，等，2022. 珠三角地区农业农村现代化发展程度评价及制约因子研究［J］. 生态环境学报，31（8）：1680-1689.

刘巽浩，任天志，1995. 中国农业（农村）现代化与持续化指标体系的研究［J］. 农业现代化研究，16（5）：287-291.

刘英，金龙新，詹祎蕊，等，2021. 湖南省农业农村现代化发展水平评价［J］. 湖南农业科学（4）：116-120.

刘云菲，李红梅，马宏阳，2021. 中国农垦农业现代化水平评价研究——基于熵值法与TOPSIS方法［J］. 农业经济问题（2）：107-116.

龙冬平，李同昇，于正松，等，2013. 基于微观视角的乡村发展水平评价及机理分析——以城乡统筹示范区陕西省高陵县为例［J］. 经济地理，33（11）：115-121.

马芒，周桂兰，2011. 农民素质现代化的评价指标体系研究［J］. 理论建设（6）：101-105.

毛小报，毛晓红，王瑾，2022. 乡村振兴背景下浙江省农业农村现代化发展水平评价［J］. 安徽农业科学，50（8）：241-245，249.

秦纪法，梅大伟，张蓓蓓，等，2022. 山东省农业农村现代化水平综合评价研究［J］. 现代化农业（6）：52-55.

谭爱花，李万明，谢芳，2011. 我国农业现代化评价指标体系的设计［J］. 干旱区资源与环境，25（10）：8.

王雅静，2013. 农民现代化评价指标体系研究——基于河北省的实证研究［D］. 石家庄：河北经贸大学.

辛岭，蒋和平，2010. 我国农业现代化发展水平评价指标体系的构建和测算［J］. 农业现代化研究，31（6）：646-650.

徐君，2012. 中原经济区新型工业化、新型城镇化、农业现代化协调发展评价［J］. 技术经济，31（3）：72-75.

姚清，2022. 基于熵值法的湖南省农业农村现代化发展水平评价［J］. 南方农业，16（13）：5-8.

英格尔斯，1985. 人的现代化［M］. 殷陆君，译. 成都：四川人民出版社.

张杰，2021. 乡村振兴背景下湖北省农业农村现代化发展水平评价及障碍因素分析 [J]. 湖北农业科学，60 (23)：227-232.

张应武，欧阳子怡，2019. 我国农业农村现代化发展水平动态演进及比较 [J]. 统计与决策 (20)：95-98.

张玉英，吕剑平，2021. 基于"三农"及城乡融合四维度的农业农村现代化发展水平评价——以甘肃省为例 [J]. 南方农村 (5)：18-26.

章磷，姜楠，2021. 黑龙江省农业农村现代化发展水平综合评价 [J]. 北方园艺 (16)：161-169.

赵颖文，吕火明，2018. 四川省农业农村现代化发展水平评价及障碍因素研究 [J]. 农业经济与管理，50 (4)：28-37.

中华人民共和国乡村振兴促进法 [M]，北京：中国法制出版社，2021.

周彦莉，龚大鑫，路建龙，等，2021. 甘肃省农业农村现代化发展水平评价及障碍度分析 [J]. 甘肃农业科技，52 (9)：34-40.

ANDREOLI M, TELLARINI V, 2000. Farm sustainability evaluation: methodology and practice [J]. Agriculture, Ecosystems and Environment, 77: 43-52.

AZAM M, 2019. Accounting for growing urban-rural welfare gaps in India [J]. World Development, 122: 410-432.

BOUDET F, MACDONALD G K, ROBINSON B E, et al., 2020. Rural-urban connectivity and agricultural land management across the Global South [J]. Global Environmental Change, 60: 101982.

CAROF M, COLOMB B, AVELINE A, 2013. A guide for choosing the most appropriate method for multi-criteria assessment of agricultural systems according to decision-makers' expectations [J]. Agricultural Systems, (C): 51-62.

CAUWENBERGH N V, BIALA K, BIELDERS C, et al., 2007. SAFE—A hierarchical framework for assessing the sustainability of agricultural systems. Agriculture [J]. Ecosystems and Environment (120): 229-242.

DONG F X, 2015. Measuring farm sustainability using data envelope analysis with principal components: The case of Wisconsin cranberry [J]. Journal of Environmental Management, 147: 175-183.

GERDESSEN C J, PASCUCCI S, 2013. Data envelopment analysis of sustainability indicators of European agricultural systems at regional level [J]. Agricultural Systems, 118: 78-90.

GERDESSEN J C, 2013. Data Envelopment analysis of sustainability indicators of European agricultural systems at regional level [J]. Agricultural Systems, 118: 7890.

HUFFMAN W E, EVENSON R E, 2001. Structural and productivity change in US agriculture, 1950-1982 [J]. Agricultural Economics, 2: 127-147.

PARRA-LOPEZ C, GROOT J C J, CARMONA-TORRES C, 2008. Integrating public demands into model-based design for multifunctional agriculture: An application to intensive dutch dairy landscapes [J]. Ecological Economics, 4: 538-551.

REZAEI-MOGHADDAM K, KARAMI E, 2008. A multiple criteria evaluation of sustainable agricultural development models using AHPU [J]. Environment, Development and Sustainability, 4: 407-426.

SANDS G R, PODMORE T H, 2000. A generalized environmental sustainability index for agricultural systems agriculture [J]. Ecosystems and Environment, 79: 29-41.

THIVIERGE M N, PARENT D, BÉLANGER V, et al., 2014. Environmental sustainability indicators for cash-crop farms in Quebec, Canada: A participatory approach [J]. Ecological Indicators, 45: 677-686.

VAN CAUWENBERGH N, 2007. SAFE-A hierarchical framework for assessing the sustainability of agricultural systems Agriculture [J]. Ecosystems and Environment, 120: 229-242.

第三章　中国式农业农村现代化评价指标体系构建方法

一、农业农村现代化评价方法综述

从研究方法来看，多指标综合测度法是目前被认为评价农业现代化水平最为合理、应用最多的一种方法，绝大多数农业、农村现代化评价研究均采用该方法进行综合评价。也有极少数研究尝试用其他方法进行农业现代化评价，如崔春生等（2019）以河南省、山东省、四川省、河北省、湖北省、广东省、江苏省和黑龙江省为例，利用犹豫模糊集的相似性测量方法，选出农业现代化水平最高的省份。

多指标综合测度法的物理过程主要包括确定评价目的—确立评价指标体系（目标分解、指标初选与精选、结构优化）—确定评价方法与模型（方法选择、权数构造、参照标准值、评价规则）—搜集评价数据，实施综合评价—对评价结果进行评估与检验—分析与报告（苏为华，2001）。在指标体系构建中，首先要在理论分析的基础上进行指标体系初选，其次进行评价指标体系的完善，最后确立指标体系的元素和结构（苏为华，2001）。指标初选后可能会存在交叉重叠影响，消除这些影响要采用一些方法，其中最常用的方法是建立指标分层结构，如章磷等（2021）构建了目标层、系统层、要素层和指标层四个层次的农业农村现代化评价指标体系；李刚等（2020）、梁俊芬等（2022）构建了包括目标层/维度层、准则层和指标层的农业农村现代化评价指标体系。通过理顺指标体系的层次结构，由"层"来实现"全面性"，层内指标个数尽量少，保证层内诸指标之间的独立性，从而提高整个体系中各指标之间的"整体独立性"（苏为华，2001）。还有些学者则采用聚类方法（王淑英，2011；沈琦 等，2012；郭冰阳，2015）。另外有一些学者在指标筛选过程中会利用主成分分析法（白福臣 等，2015；葛丽亚 等，2018），但事实上主成分综合评价法并不能消除指标重叠信息，相反，却较易受指标重叠关系的左右（苏为华，2001），同时选取的主成分通常综合了多个原始指标信息，其含义更为复杂和不明确，不利于后期的综合分析。另外还有一种优化指标体系的方法是采用专家法进行指标集的过滤与净化（苏为华，2001）。通过统计现有研究的评价指标体系，统计评价指标出现频数，也就是频数分析法可以从另一个角度参考不同专家学者的思考，也属于一种专家法，部分学者在评价指标体系构建中利用该方法（戴云 等，2019；都一 等，2021）。

完成指标体系构建后需要进一步确定指标权重和参照标准值。常用的指标权重确定方法有两类，一类是主观赋权方法，如专家打分法（钟丽娜 等，2018）、层次分析法（甫永民 等，2012）等；另外一类是客观赋权方法，如熵权法（赵颖文 等，2018）、变异系数法（覃诚 等，2022）、灰色关联分析法（李虹来 等，2007）等。一般来说，主观赋权法可能会随专家的侧重点和经验不同而有所不同，具有一定的主观性，但是具有使用简单、直观性强的特点。而客观赋权法受主观因素影响较小，它的缺陷在于权数的分配会受到样本数据随机性的影响，不同的样本即使用同一种方法会得出不同的权数（杨宇，2006）。

确定指标参照标准值也有多种方法，在农业农村现代化评价中应用最多的是以现代化实现的目标值作为参照标准值，以直观反映与现代化目标值的实际差距。不同现代化实现程度的目标值有所不同，其评价结果含义也有所不同。柯炳生（2000）提出了各项农业现代化指标的起步阶段标准、初级阶段标准和基本实现标准。蒋和平等（2006）提出了中国农业现代化发展阶段14项特征指标，对中国农业现代化发展的5个阶段进行了赋值。辛岭等（2010）提出了农业现代化起步、发展和成熟3个阶段的标准值。国务院发展研究中心农村经济研究部课题组（2021）首先设定了各指标2050年全面建成现代化时的目标值，然后选取完成全面现代化目标值的60%、50%或40%的任务进度推算

2035 年基本实现现代化时各指标的目标值。这个方法属于价值评价，最大的优点是具有可比性，可以进行不同区域、不同时期的时空对比。也有部分学者采用 TOPSIS（逼近理想值排序法），利用最大值和最小值作为"正理想解"和"负理想解"，通过判定研究目标与"正理想解"和"负理想解"的靠近程度来评价对象（鲁春阳 等，2020；刘云菲 等，2021），这个方法若不作特殊技术处理，本质上还是属于排序评价（苏为华，2001），不具有区域可比性。

二、农业农村现代化评价指标体系构建方法

农业农村现代化是一个复杂的系统工程，因此与大多数的农业农村现代化研究一致，本研究选择采用多指标综合测度法开展农业农村现代化评价。该方法中最重要的部分即为构建科学合理的综合评价指标体系。

1. 指标体系构建原则

按照中央基本实现农业农村现代化的目标和任务要求，评价指标体系要着力体现我国在农业现代化、农村现代化、农民现代化、城乡融合等方面的建设与发展状态。构建时遵循以下四条原则。

一是突出引领性。指标体系要能够代表农业农村现代化的最新发展水平，既要符合国际惯例和公众认知，又要注重中国式农业农村现代化的探索性和特色性。

二是突出系统性。充分考虑有关农业农村现代化的深刻内涵和我国乡村振兴的战略目标，以宏观理论为支撑，系统构建一级和二级指标体系，确保能从不同侧面、不同角度系统反映农业农村现代化建设水平，考虑可复制、可推广、可借鉴。

三是突出科学性。选取的指标既要有理论基础和政策依据，又要兼顾不同区域资源禀赋、发展水平等实际情况差异，指标体系中三级指标群相对灵活设置，在东、中、西三个区域适当设置特色指标。

四是突出可操作性。选择的指标要"少而精"，均为具有较强代表性、针对性、延续性、可操作性的关键指标，指标间既存在联系、互相印证，又彼此

独立、避免交叉，确保监测评价简便易行、务求实效。

2. 指标体系构建方法

虽然国内关于农业现代化、农村现代化和农民现代化评价的研究已经有了几十年的历史，但是将农业农村现代化作为一个有机整体进行综合评价还是一个新的探索。因此在构建综合评价指标时结合分析法和分层法进行指标体系构建和优化。分析法指将综合评价的度量对象和度量目标划分成不同组成部分，并逐步细分，直到每一个部分都可以用具体的统计指标来描述；分层法指理顺指标体系的层次结构，保证指标体系呈树形结构，由"层"来覆盖整个指标体系的测量对象，且层内指标个数尽量少，保证层内诸指标之间的独立性，从而提高整个指标体系中各指标之间的"整体独立性"（苏为华，2001）。根据本次评价对象的内容特征，本研究采用分析法构建中国式农业农村现代化综合评价指标体系的具体构建过程如下。

第一步，对农业农村现代化的内涵和外延做深入分析，剖析农业农村现代化的领域结构，明确综合评价的主要领域。根据第一章对中国式农业农村现代化的理论分析，明确了"三化一融、强富美高"的理论内涵，因此明确该综合评价指标体系涵盖农业现代化、农村现代化、农民现代化和城乡融合四大领域，即为农业农村现代化总目标下的四个子目标。

第二步，深入剖析四大评价子目标的概念内涵和评价结构，明确四大子目标下的评价子子目标。借鉴发达国家的农业现代化、农村现代化、农民现代化和城乡融合建设经验，以中国式农业农村现代化的本质为核心，明确四大领域内的评价理论框架，进而确定四大评价领域下的子子目标。

第三步，设计筛选每一个子目标下的具体评价指标。采用频数分析法统计不同子目标下相应评价指标的频数，结合该子目标的理论内涵，在指标满足科学性和数据可获取性的前提下，选择出现频数高或较高的评价指标，如现有指标均不十分恰当，则可根据指标内涵补充设计评价指标。

在执行第三步的过程中如有必要可重复执行第二步，直到每一个子目标都可以直接用一个或几个明确的指标来反映。最后形成如图3-1所示的树形层次结构。

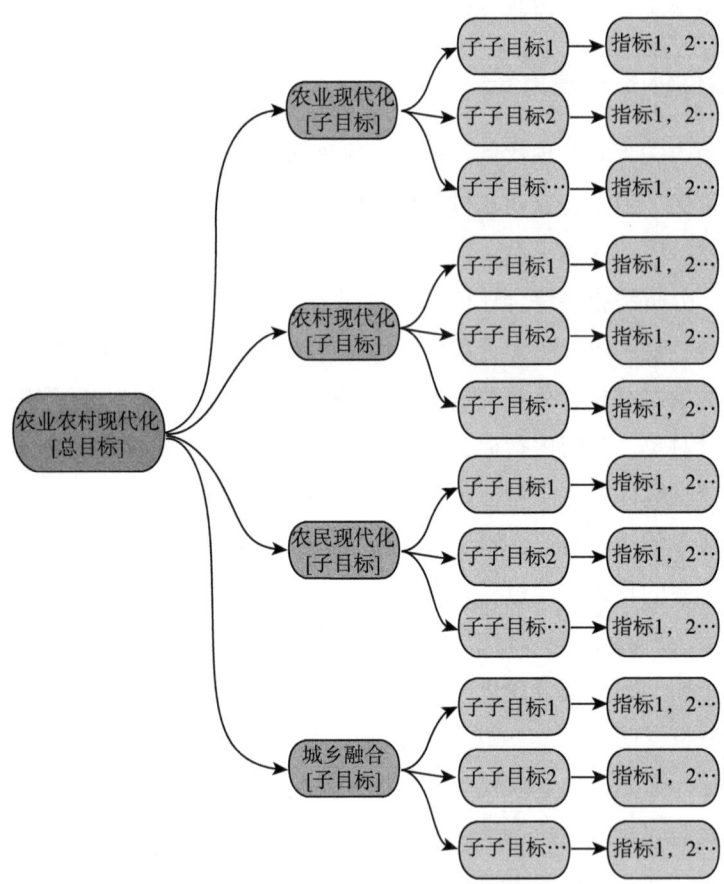

图 3-1 农业农村现代化评价指标体系层次结构

参考文献

白福臣，周景楠，2015. 广东省各地区农业现代化发展水平评价研究——基于因子分析法与聚类分析 [J]. 广东农业科学（16）：148-154.

崔春生，朱向琳，任亚丹，等，2019. 基于犹豫模糊多属性决策方法的农业现代化水平评价研究 [J]. 管理评论，31（11）：195-201.

戴云，詹长根，2019. 省域资源环境承载力评价指标体系构建研究——基于频率统计法和相关性-粗糙集理论［J］.湖北农业科学,58（4）：32-38.

都一,杜学民,王鹏,2021.频数分析法下乡村治理有效指标体系研究［J］.现代园艺（11）：13-14.

甫永民,姜法竹,2012.基于层次分析法的黑龙江垦区现代农业发展模式分析［J］.农业技术经济（9）：111-116.

葛丽亚,丁生喜,2018.基于主成分分析法的海东市农业现代化发展水平评价研究［J］.中国农业资源与区划,39（9）：136-142.

郭冰阳,2005.用动态筛选方法构建我国农业现代化评价指标体系［J］.统计与决策（21）：42-43.

蒋和平,辛岭,黄德林,2006.中国农业现代化发展阶段的评价［J］.科技与经济（4）：56-60.

李虹来,勒中坚,2007.灰色关联分析在农业现代化评价体系中的应用［J］.江西财经大学学报,49（1）：43-79.

鲁春阳,文枫,张宏敏,等,2020.基于改进TOPSIS法的河南省农业现代化发展水平评价［J］.中国农业资源与区划,41（1）：92-97.

沈琦,胡资骏,2012.我国农业现代化评价指标体系的优化模型——基于聚类和因子分析法［J］.农业经济（5）：3-5.

苏为华,2001.多指标综合评价理论与方法研究［M］.北京：中国物价出版社.

覃诚,汪宝,陈典,等,2022.中国分地区农业农村现代化发展水平评价［J］.中国农业资源与区划,43（4）：173-182.

王淑英,2011.基于灰色定权聚类的河南省农业现代化发展水平评价［J］.河南农业大学学报,45（4）：487-492.

杨宇,2006.多指标综合评价中赋权方法评析［J］.统计与决策（13）：17-19.

钟丽娜,李松柏,2018.陕西省农业现代化发展水平综合评价［J］.农业现代化研究,39（1）：57-64.

第四章 农业现代化评价指标体系构建

一、发达国家农业现代化经验借鉴

美国、法国、日本等发达国家的农业现代化水平较高,其农业现代化的道路和模式对于我国农业现代化建设有很好的借鉴意义。

1. 美国农业现代化模式

以美国为典型的一类国家,人少地多,优先发展农业机械,以机器代替人力,形成了以提高农业劳动生产率、走规模化发展的现代化之路。主要特征有:①大力推广农业机械化生产。1910—1960年是美国大力推广农业机械化时期,农业拖拉机使用率从1920年的11%增长到1940年的64%,再到1960年的97%(Olmstead et al.,2001)。积极鼓励农场主将新技术、新装备应用于农业生产,将美国的技术优势转化为农场的市场优势,进而在全球市场获利(Blank,2018)。②土地大规模经营。农场是美国农业生产的基本组织,分为家庭农场、合股农场和公司农场三大类,其中家庭农场占全部农场总数的90%以上,其农产品销售量占美国的70%以上。2020年,美国有农场202万个,农场平均面积444英亩(1英亩≈4 046.8平方米)。③农业产业化、一体化、社会化发展。通过完善的社会化服务体系,实现农业产前、产中、产后各环节的有机融合。类似于美国农业现代化模式的有加拿大、澳大利亚等。④政策保障。1862年的《宅地法》,将大量国有土地无偿分给农民,在美国西部建立起许多规模较大的农场。同年颁布的《莫里尔法》规定各州可以出售政府给予的公有土地，所得资金用于成立农业学院，负责本州的农业教学、科研和推广工作，促进了农业新技术的推广和应用（李哲敏 等，2011）。

2. 日本农业现代化模式

以日本为典型的一类国家，人多地少，通过改良作物品种，加强水利建设，发展农用工业，走的是一条依靠技术创新、资本大量投入加快实现农业现代化的道路。战后日本农业现代化发展模式有如下显著特点：①政府对农业发展的强力主导和干预。日本政府结合农业发展不同阶段的特点制定相应的农业发展规划和基本政策，为实现农业生产现代化指明方向。比如在大量施用化肥导致土壤结构遭到破坏，严重影响到日本农业的可持续发展时，日本政府及时调整发展战略，大力提倡有机农业，逐步使日本农业向良性轨道发展（曹俊杰 等，2010）。②大力引进和研发农业先进技术。从美国引进小型拖拉机，加以改造后普及推广，从中国引进水稻插秧机，研究、改进成适合日本使用的插秧机。③充分利用财政、金融等手段实行高资本投入。20世纪60—70年代，日本每年对农业的投资都相当于当年农业总产值的一倍半以上，最多的一年竟达六倍（包宗顺，2008）。④农协发挥了重要作用。日本农协是农民自发形成的合作经济组织，分为中央、都道府县、市町村三级，主要负责农业技术指导、农业物资采购、农产品销售、农业金融保险等一系列事务，将分散的农户组织起来，实行集约化、规模化经营，形成了生产、储藏、运输、销售、培训一条龙的服务体系，为日本农业的专业化、集团化奠定了基础。类似于日本农业现代化模式的有韩国等。

3. 法国农业现代化模式

法国既不像北美那样劳动力短缺，也不像日本那样耕地短缺，第二次世界大战以前，法国是典型的小农社会，农产规模普遍较小，第二次世界大战后，法国充分运用工业发展带来的各种优势，以工业化为基础推动农业现代化。其主要做法和特点是：①系列政策促进土地集中经营。20世纪50年代中期，法国政府出台了一系列措施，推动"土地集中"。成立土地整治与农村安置公司，从私人手中买进大量土地，经整合成为标准农场后，再以低价出售给有经营能力的农民；规定年龄在55岁以上的农民，国家负责养起来，一次性发放"离农终身补贴"；鼓励农村年轻人离土离乡，到国有企业工作；规定农场主的合法继承人只有一个子女，其他子女只能继承货币资产，以防止土地进一步分散；推出税收优惠政策，鼓励父子农场、兄弟农场以土地入股，开展联合经营。国家给大农场提供低息贷款，对农民自发的土地合并减免税费，促使农场规模不断扩大（李凤梅，2011）。系列政策实施效果显著。1955年法国10公顷以下的小农场有127万个，20年后减少到53万个，50公顷以上的大农场增加了4万多个（戴蓬军，1998），农场平均耕地面积由1955年的13.3公顷增加到2000年的41.7公顷，是欧盟平均规模的3倍左右（汪明煜 等，2021）。②"以工养农"政策。第二次世界大战后法国实行"以工养农"的政策，1952—1972年，农业投资增长幅度超过其他所有部门，1960—1974年，国家发放的农业贷款增长37倍。法国政府于1995年2月1日颁布了《农业现代化法》，使得政府对农业的引导法制化。③专业化经营。法国政府根据各地不同的自然条件、传统习俗和技术水平，对全国农业分布进行统一规划，合理布局。把全国分成22个大农业区，其下细分为470个小区，因地制宜地发展区域特色农业。到20世纪70年代，法国半数以上农场搞起了专业化经营。

综合来看，美国、法国和日本的农业现代化进程都遵循本国的资源特征，基于土地适度规模集中，通过农业生产体系、经营体系和产业体系的现代化实现农业现代化发展，各国政府出台了一系列的土地、金融、成果转化等法律法规和政策文件为农业现代化发展提供支撑保障。

二、农业现代化理论框架

从内涵来看，现代农业是一个包含产业、生产和经营的有机整体，集产业体系、生产体系、经营体系"三个体系"于一体，体现了现代农业建设由传统的农业生产观，向农业经营观乃至向全产业链视角的转变要求（穆月英，2019）。习近平总书记在2015年两会期间参加吉林代表团审议时指出，推进农业现代化，要突出抓好加快建设现代农业产业体系、现代农业生产体系、现代农业经营体系三个重点。党的十九大报告明确指出，加快构建现代农业产业体系、生产体系、经营体系，是实施乡村振兴战略的重要抓手，是由农业大国向农业强国转变的重要支撑。现代农业产业体系是产业横向拓展和纵向延伸的有机统一，通过产业结构调整、产业布局优化和产业链延长与增值，解决农业发展资源要素配置和农产品供给效率问题。现代农业生产体系是生产手段进步和生产技术升级的有机结合，通过现代生产手段和技术转变农业发展方式和要素投入方式，解决农业发展动力和生产效率的问题。现代农业经营体系是经营主体、组织方式及服务模式的优化组合，通过体制机制创新和资源要素有机结合，解决经营主体培育和经营效益问题（韩长赋，2016）。现代农业生产体系决定着经营体系，现代农业经营体系反作用于生产体系，二者又为现代农业产业体系提供根本支撑，从而形成一个相互作用、有机融合的统一体，共同推进农业现代化建设进程（韩长赋，2016；罗千峰，2021）。因此本研究基于农业"三大体系"的理论框架进行农业现代化评价指标体系构建（图4-1）。

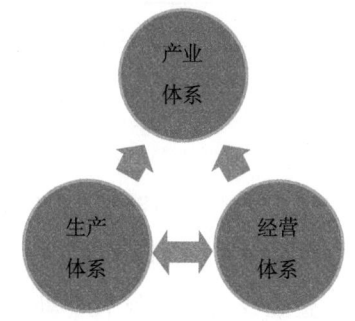

图 4-1　现代农业"三大"体系有机融合关系示意

1. 农业生产体系现代化

现代农业生产体系建设的核心是利用现代科学技术和生产方式改造农业，加快构建现代农业生产体系，就是要用现代设施、装备、技术手段武装传统农业，发展绿色生产，提高农业良种化、机械化、科技化、信息化、标准化水平（韩长赋，2016），而要实现生产体系现代化的基本前提是通过耕地保护和设施建设为农业生产体系现代化打好土地这一生产要素的基础。事实上，劳动力素质的提升是另外一个生产要素基础，但是由于本研究中将农民现代化单独进行分析，因此在农业现代化中不考虑劳动力这一生产要素。另外，随着农业信息化的发展，农业信息化不仅服务于农业生产方面，还涵盖农业经营与管理和整个农业产业体系,因此将农业信息化放置于农业产业体系框架中进行分析。本研究中农业生产体系现代化的理论框架具体如图4-2所示,耕地保护与质量为农业科技化、良种化、机械化和标准化提供基础,又共同服务于现代农业绿色、低碳发展目标,进而保障农产品有效供给。

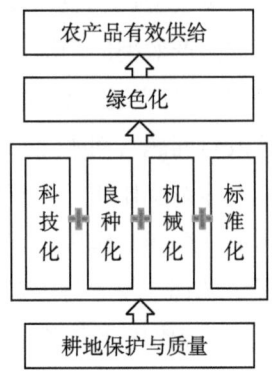

图4-2 现代农业生产体系逻辑框架示意

2. 农业经营体系现代化

加快构建现代农业经营体系,就是要发展多种形式适度规模经营,培育壮大专业大户、家庭农场、农民合作社、农业企业等新型经营主体,推动家庭经营、集体经营、合作经营、企业经营共同发展(韩长赋,2016),家庭农场、农民合作社、社会化服务组织、农业企业等主体在现代农业不同环节、不同层面存在不同的分工和差异化的功能定位,推动了农业资源要素的高效配置和传统农业向现代农业的历史性转变(张红宇,2018)。要实现农业适度规模经营,在土地制度保障基础上还需要财政、金融、保险等方面的支持和引导,同时要加强农业生产社会化服务,通过服务规模化带动生产经营规模化。农业经营体系现代化的逻辑框架具体如图4-3所示,通过土地流转等方式实现土地适度规模经营,社会化服务助力生产经营规模化,同时农业风险保障为新型农业经营和社会化服务提供支撑保障。

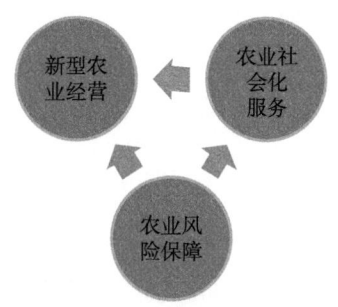

图 4-3　现代农业经营体系逻辑框架示意

3. 农业产业体系现代化

构建现代农业产业体系，要以市场需求为导向，大力推进农业供给侧结构性改革，调优、调高、调精农业产业，增加适销对路的农产品生产，做强生产、加工、储藏、包装、流通、销售各环节，发展壮大新产业、新业态，不断优化产品结构、产业结构和产业区域布局，延长产业链、贯通供应链、提升价值链，发挥一二三产业融合的乘数效应，提高农业质量效益（韩长赋，2016；罗千峰，2021）。同时在农业产业链、产品链和价值链的各个环节发挥农产品质量追溯、电子商务销售平台、农业物联网技术、农业信息化综合管理等信息化服务，有助于进一步提升农业综合效益。农业产业体系现代化的逻辑框架具体如图4-4所示，农业信息化服务于农业产业链条和农产品生产、流通、营销的各个环节，通过产业链延伸带动产品链延长和价值链提升，进而促进农业综合效益的提升。

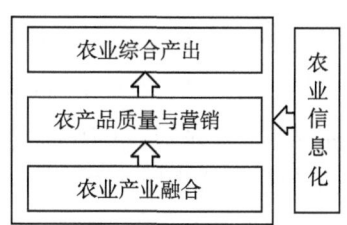

图 4-4　现代农业产业体系逻辑框架示意

综上，根据鱼骨图法分析农业现代化的具体逻辑框架见图 4-5 所示。

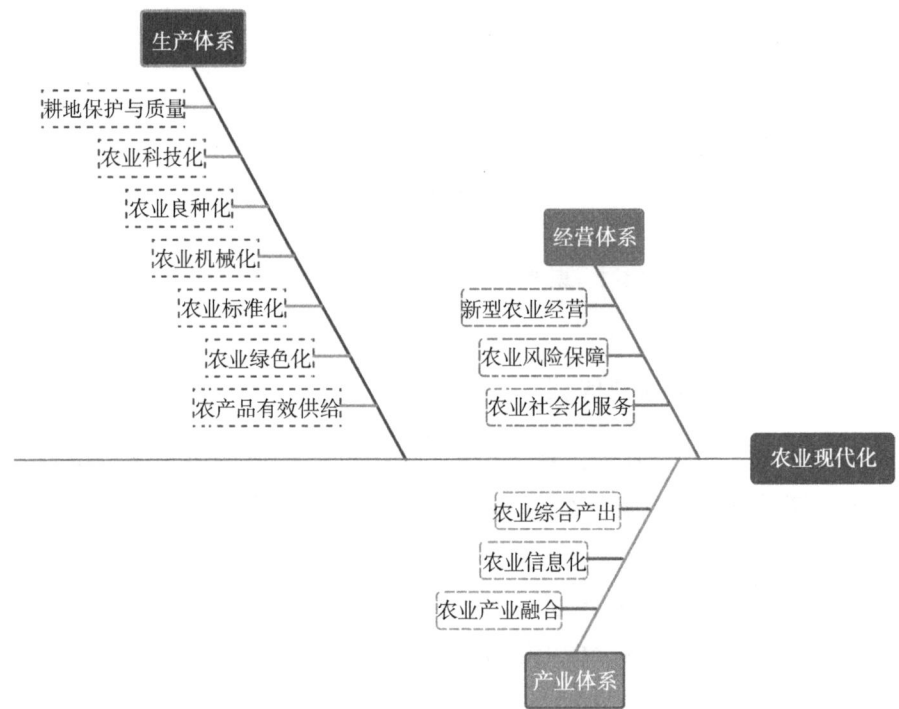

图 4-5　鱼骨图法分析农业现代化逻辑框架

三、农业现代化评价指标遴选

在农业"三大体系"现代化理论框架分析的基础上，构建了农业现代化目标下的两级指标体系，具体见表 4-1。通过中国知网下载近年来核心期刊以上农业现代化评价相关学术文章 100 余篇，其中列出具体评价指标体系的文章 81 篇，对其中的所有农业现代化评价指标在农业"三大体系"理论框架下进行指标频次统计，进而结合理论综合分析和指标频次进行农业现代化评价指标筛选。在进行农业现代化评价的文献中，由于"三农"的相互关联性，部分文献除农业现代化外还涉及农村社会发展、农民素质、城乡融合等相关评价指标，由于本指标体系中农村现代化、农民现代化和城乡融合评价指标为其他三个独立评价目标，因此在频次统计中剔除了其他三个方面的统计指标。

表 4-1　农业现代化评价两级指标框架

领域	一级指标	二级指标
农业现代化	生产体系现代化	农产品有效供给
		耕地保护与质量
		农业科技化
		农业机械化
		农业良种化
		农业标准化
		农业绿色化
	经营体系现代化	新型农业经营
		农业风险保障
		农业社会化服务
	产业体系现代化	农业产业融合
		农产品质量与营销
		农业信息化
		农业综合产出

1. 农业生产体系评价指标

农业生产体系现代化评价指标频次统计结果见表 4-2。其中涉及农产品有效供给的指标累计出现了 85 次，主要以粮食产量和肉蛋奶鱼、蔬菜、油料产量类指标为主，本研究中选择粮食产量稳定度和肉菜蛋奶稳定保障指数两个监测指标衡量农产品有效供给水平；涉及农业绿色化的指标累计出现了 122 次，出现频次最多的是化肥和农药相关评价指标，绿色、有机认证农产品相关指标出现频次也较多，同时也是适应新时代人民对美好生活向往的重要方向，因此选择化肥农药投入强度和每万公顷绿色优质农产品数量指标衡量农业绿色化水平；涉及农业科技化的指标累计出现了 49 次，指标相对比较统一，其中农业科技进步贡献率和农村科技人员占劳动力比重指标出现频次最多，考虑到县级及以下行政单元很难获取农业科技进步贡献率指标值，因此在省级和县级评价指标中分别选择农业科技进步贡献率和农业科技人员占劳动力比重指标衡量农业科技化水平；涉及农业机械化的指标累计出现了 102 次，其中以农机总动力和主要农作物耕种收综合机械化率指标出现的频次最多，考虑到主要粮食作物耕种收综合机械化率能够更直观地反映农业机械化水平，因此选择该指标衡量农业机械化水平；涉及农业良种化和农业标准化的指标频次非常少，分别为 4 次和 2 次，其中农业标准化的可衡量性相对较差，这可能是指标出现频次较少的原因，而良种化则可能是由于农作物的良种普及率目前已基本实现全覆盖，因此认为开展评价的意义不大，但是随着我国种业振兴战略的提出，作物、园艺、畜禽、水产等农业综合良种普及率还应该重新高度重视，在本研究中暂时没有选择农业良种化和标准化指标，但是其重要性不容忽视，未来可适时增加相应的评价指标；涉及耕地保护与质量的评价指标很多，累计出现了 125 次，其中农田水利设施建设也属于耕地保护和质量的范畴，但是由于指标出现频次达到了 62 次，因此在表中单独列出。其中有效灌溉率、耕地面积、农业成灾率和高标准农田指标出现的频次最高，考虑到高标准农田是旱涝保收、高产稳产现代化农田的代表，也是我国提升耕地质量的重要措施，因此选择高标准农田占比指标衡量耕地保护和质量水平。

表 4-2 农业生产体系涉及指标出现频次统计

指标所属主题	指标主要内容	出现频次（次）
农产品有效供给	单位耕地面积/播种面积粮食产量	32
	劳均/人均粮食产量	22
	劳均/人均肉奶蛋鱼/肉类/肉蛋奶/蔬菜/油料产量	22
	口粮/粮猪菜生产稳定保障指数	5
	粮食综合生产能力	2
	粮食总产量年均增幅	1
	鲜活地产农产品供应率	1

（续表）

指标所属主题	指标主要内容	出现频次（次）
农业绿色化	化肥使用强度/化肥减量化/化肥利用率	49
	农药使用强度/农药减量化/农药利用率	20
	农用塑料薄膜使用量	14
	万元农业 GDP 耗能/耗水/耗电	11
	有机、绿色认证农产品产量/面积/产值比重	8
	农业废弃物综合利用率	6
	秸秆综合利用率	3
	土壤有机质含量提高率	3
	畜禽粪污综合利用率	2
	土壤污染综合指数	2
	灌溉水质综合污染指数	2
	天然湿地保护率	1
	盐碱耕地改良面积占盐碱耕地面积比重	1
农业科技化	农业科技进步贡献率	22
	农村科技人员占劳动力比重	18
	农业科技投入水平/R&D 经费	9
农业机械化	单位耕地/劳均/人均农机总动力	55
	农作物耕种收综合机械化率	21
	人均/单位耕地用电量	21
	农机具补贴	2
	单位农用机械保有量	1
	机械田间管理面积占比	1
	飞机田间管理面积占比	1
耕地保护与质量（农田水利）	有效灌溉率	41
	旱涝保收率	7
	节水灌溉面积比重	5
	农业用水量/比重	3
	农田水利现代化水平（含有效灌溉、旱涝保收、节水灌溉等的综合指标）	3
	农业灌溉水有效利用系数	2
	除涝面积占易涝面积比例	1

(续表)

指标所属主题	指标主要内容	出现频次（次）
耕地保护与质量	户均/劳均/人均耕地面积	20
	农业成灾率	15
	高标准农田建设面积/比重	11
	耕地保护率/保有率	6
	设施农业面积比重	5
	新增耕地面积	2
	农作物播种面积	2
	农业示范区数量	2
农业良种化	良种普及率/覆盖率	4
农业标准化	农产品标准覆盖率	1
	水产品标准化养殖比重	1

2. 农业经营体系评价指标

农业经营体系现代化评价指标频次统计结果见表4-3。涉及新型农业经营的指标累计出现了39次，其中土地适度规模经营比重、畜禽养殖规模化水平、农户参加农民合作社比重和水产养殖规模化水平指标出现频次最多，考虑到家庭农场和合作社是最主要的新型经营主体，而且不仅包含农业种植，也包括畜牧业和养殖业家庭农场和合作社，因此设计了家庭农场和合作社覆盖率实现度综合指标来衡量新型农业经营水平；涉及农业风险保障的指标累计出现了47次，其中农业保险深度出现频次均最高，考虑到保险最具风险保障作用，因此选择农业保险深度衡量农业风险保障水平，如果指标数量允许的情况下还可以再选择一个财政资金投入指标；涉及农业社会化服务的指标累计出现了21次，其中农林牧渔服务业增加值占农林牧渔业增加值的比重出现频次最高，因此选择该指标衡量农业社会化服务水平。

表 4-3 农业经营体系涉及指标出现频次统计

指标所属主题	指标主要内容	出现频次（次）
新型农业经营	土地适度规模经营比重	13
	畜禽养殖规模化水平	8
	农户参加农民专业合作社比重	7
	水产养殖规模化水平	3
	国家级农业产业化企业数量	3
	涉农企业比重	2
	人均经营面积	1
	龙头企业产业占农业总产值比率	1
	农业龙头企业带动农户占农户的比重	1
农业风险保障	农业保险深度	9
	单位农林牧渔业增加值的涉农贷款余额	7
	人均农林牧渔投入额	9
	财政支农费用增幅/力度/占比	8
	农林水事务支出/比重	7
	农林牧渔业固定资产投资所占比重	5
	农林牧渔业中间投入	2
农业社会化服务	农林牧渔服务业增加值占农林牧渔业增加值的比重	14
	农业服务人员占农业劳动力比重	2
	大宗农资统一采供比重（社会化服务）	1
	集团销售农产品比重（社会化服务）	1
	乡镇或区域性农业公共服务体系健全率	1
	农业服务组织人数占劳动力比重	1
	农业社会化服务对农户覆盖率	1

3. 农业产业体系评价指标

农业产业体系现代化评价指标频次统计结果见表 4-4。涉及农业产业融合的指标累计出现频次有 46 次，其中农产品加工产值与农业总产值比和休闲农业相关指标出现频率最高，因此选择农产品加工产值与农业总产值和劳均休闲农业接待人次指标衡量农业产业融合水平；涉及农业信息化的指标累计出现了 13 次，其中农业信息化率指标出现频次最高，同时考虑到电子商务是促进农产品销售的重要手段，发达地区也可以选择该指标，因此选择农业信息化率和农产品电子商务销售额占农业生产总值比重指标衡量农业信息化水平；涉及农产品质量与营销的指标累计出现了 27 次，其中农产品商品率出现频次最多，考虑到农产品商品率会直接影响农业综合产出，为避免指标相关性太强，暂时不考虑该类型指标的选取；涉及农业综合产出的指标累计出现了 156 次，几乎所有评价指标体系中都涉及该类型指标，其中农业土地产出率和农业劳动生产率出现频次最高，因此选择农业土地产出率和农业劳动生产率衡量农业综合产出水平。

表 4-4 农业产业体系涉及指标出现频次统计

指标所属主题	指标主要内容	出现频次（次）
农业产业融合	农产品加工产值与农业总产值之比	16
	休闲农业产值/休闲农业与乡村旅游年接待人次	5
	畜牧业产值占农业总产值比重	5
	养殖业产值占农业总产值比重	5
	农副产品加工率	5
	第三产业占比重	4
	乡村非农就业人员比重	3
	果蔬园艺产值占农业总产值的比重	1
	第二产业产值比重	1
	电商农业发展水平	1
农业信息化	农业信息化率/农业信息服务覆盖率	7
	农村信息服务三站普及率	3
	农产品追溯覆盖率	1
	设施农业物联网应用个数	1
	主要农业气象灾害监测预测准确率	1
农业综合产出	农业土地产出率	49
	农业劳动生产率	48
	农业增加值/总产值占 GDP 比重	30
	农业人均 GDP	16
	单位耕地面积农业增加值	8
	农业投入产出率	5

(续表)

指标所属主题	指标主要内容	出现频次（次）
农产品质量与销售	农产品商品率	12
	农产品质量安全例行监测合格率	8
	农产品进出口贸易额	3
	农产品批发市场交易额占农产品总交易额比重	1
	优势农产品占比	1
	农产品生产价格指数	1
	农产品品牌增长率	1

四、农业现代化评价指标体系构建

综合上述农业"三大体系"理论框架分析和指标频次法筛选出的三级评价指标，构建出基于现代农业"三大体系"的三级评价指标体系（表4-5）。

表4-5 农业现代化评价指标体系

领域	一级指标	二级指标	三级指标
农业现代化	生产体系现代化	农产品有效供给	粮食产量稳定度
			肉菜蛋奶稳定保障指数
		耕地保护与质量	高标准农田占比
		农业绿色化	化肥农药投入强度
			每万公顷绿色优质农产品数量
		农业科技化	农业科技进步贡献率（省级）
			农业科技人员占劳动力比重（县级/市级）
		农业机械化	主要粮食作物耕种收综合机械化率
	经营体系现代化	新型农业经营	家庭农场和合作社覆盖率实现度
		农业风险保障	农业保险深度
		农业社会化服务	农林牧渔服务业增加值占农林牧渔业增加值比重
	产业体系现代化	农业产业融合	农产品加工产值与农业总产值比
			劳均休闲农业接待人次
		农业信息化	农业信息化率
			农产品电子商务销售额占农业生产总值比重
		农业综合产出	农业土地产出率
			农业劳动生产率

参考文献

包宗顺,2008. 农民专业合作社发展中的新情况 [J]. 江苏农村经济 (9): 36-37.

曹俊杰,王学真,高峰,2010. 资源丰缺度不同国家的农业现代化模式之比较 [J]. 宁夏社会科学 (4): 36-41.

戴蓬军,1998. 法国农业现代化法及其评价 [J]. 农业经济问题 (1): 60-61.

韩长赋,2016. 构建三大体系推进农业现代化——学习习近平总书记安徽小岗村重要讲话体会 [J]. 休闲农业与美丽乡村 (6): 4-7.

李凤梅,2011. 国外农业现代化发展经验及对中国的启示 [J]. 世界农业 (9): 57-60.

李哲敏,王玉庭,刘宏,等,2011. 美国农业合作推广服务体系简介 [J]. 农村工作通讯 (11): 42-43.

罗千峰,2021. 基于构建"三大体系"视角的农业现代化实现路径研究 [J]. 农村经济 (10): 127-135.

穆月英,2019. 多举措推进现代农业"三大体系"加快完善 [J]. 国家治理 (2): 23-27.

汪明煜,周应恒,2021. 法国乡村发展经验及对中国乡村振兴的启示 [J]. 世界农业 (4): 65-72.

张红宇,2018. 中国现代农业经营体系的制度特征与发展取向 [J]. 中国农村经济 (1): 23-33.

BLANK S C, 2018. The profit problem of American agriculture: What we have learned with the perspective of time [J]. Agricultural &Applied Economics Association, 33 (3): 1-7.

OLMSTEAD A L, RHODES P W, 2001. The impact and diffusion of the tractor in American agriculture, 1910-1960. Journal of Economic History, 61: 663-698.

第五章 农村现代化评价指标体系构建

一、发达国家农村现代化经验借鉴

很多发达国家和地区曾有过建设新农村的历史,既有始于20世纪20年代初的美国"新城镇开发",60年代的日本"造村运动",德国"村落更新计划",70年代的韩国"新村运动",也有始于80年代的印度"乡村综合开发运动",法国的"农村整顿"等。

1. 美英以小城镇开发带动乡村地区发展的策略

美国和英国都采用新城镇开发的策略,以规划引导城乡人口的合理流动。20世纪60年代,美国实行"示范城市"计划,通过小城镇的发展引导大城市人口的分流,10万人以下的小城镇大约占到城市总数的99.3%。第二次世界大战之后英国政府开始大规模建设新镇,1940—1970年共建立了33座新镇,其中英格兰和威尔士的24座新镇总共居住了230多万人、提供了100多万个就业机会。20世纪70年代以后,新镇开发不仅仅局限在大城市周围地区,进一步扩大到整个城乡区域,带动了广大乡村地区的发展(陈晓华 等,2005;李瑞霞 等,2008)。

2. 日、韩振兴乡村的发展策略

日本、韩国等国家的乡村建设则是以振兴农村发展为目的。为促进村镇的可持续发展，日本从 20 世纪 70 年代初开始政府规划并实施了旨在改善农村生活环境，缩小城乡差别的"村镇综合建设示范工程"。示范工程实施的主体通常由政府承担，投资费用的 50%由中央政府承担，其他由各级政府分担（陈晓华 等，2005）。另外日本"造村运动"强调解决城乡矛盾的关键在于建立不亚于城市的农村磁场，只有通过振兴农村产业才能把青年人吸引在本地，才能促进农村经济的发展。开展了"一村一品"和"1.5 次产业"建设策略，增强了农村经济实力（李瑞霞 等，2008）。日本在农村建设过程中，十分注重农业、农村、农民同时发展。在区域开发过程中，政府把农业、农村、农民置于同等重要地位。既重视农业基础设施建设，更重视农村社区建设和农民本身的发展，通过对"三农"问题的协调促进了日本农业和农村现代化的发展（李锋传，2007）。韩国政府则以基础设施的扶持为抓手唤起民众的建设高潮，开展了以"精神启发"为重点的"新村运动"，引导农村环境的改善和农村经济发展（李瑞霞 等，2008）。韩国新村运动比较注重农村的整体发展，既关注到农村基础设施的发展，又涉及农村精神文明的建设和发展。同时注重发挥农民的积极性、主动性，充分调动广大农民参与其中，而不是自上而下的单方面赋予（邱春林，2019）。

3. 德国城乡生活等值化策略

20 世纪四五十年代，德国农村的发展，由于片面追求"功能"的运作，使乡村风貌大受损害。20 世纪 60 年代末，德国开始在全国范围内实施村落更新计划，提出"城乡生活等值化"理念，农村的生态价值、文化价值、旅游价值、休闲价值都被提到与经济价值同等重要的高度上，提出"在农村生活，并不代表可以降低生活质量"，甚至提出"村庄就是未来"的口号，这种理念使德国村庄的活力和特色得以保持，也成功地将农民留在了土地上（李瑞霞 等，2008）。

综合来看，农村现代化建设中通过基础设施和人居环境建设提高农村生活质量是根本，农村经济实力和综合价值提升是关键，充分调动广大农民自主参与农村现代化建设过程，提升乡村治理水平是成功实现农村现代化的有力保障。

二、农村现代化理论框架

党的十九大报告提出"产业兴旺、生态宜居、乡风文明、治理有效、生活富裕"是实施乡村振兴战略的总体要求,是党的十六届五中全会提出的"生产发展、生活宽裕、乡风文明、村容整洁、管理民主"符合新时代要求的升级版。其中产业兴旺和生活富裕主要涉及农业现代化和农民现代化,而生态宜居、乡风文明和治理有效则主要涉及农村现代化,因此以生态宜居、乡风文明和治理有效为一级指标框架构建农村现代化评价指标体系(图5-1)。生态宜居、乡风文明和治理有效三个方面是农村现代化的全面体现,乡风文明是文化基础,为生态宜居和治理有效提供精神支撑,生态宜居是环境基础,在宜居环境下生活的村民更利于提升乡风文明和乡村治理水平,治理有效是社会基础,治理有效促进了生态宜居的形成和乡风文明的提升(黄祖辉,2018),三者对于产业兴旺和生活富裕也起到了共同推进的作用(王亚华 等,2021)。

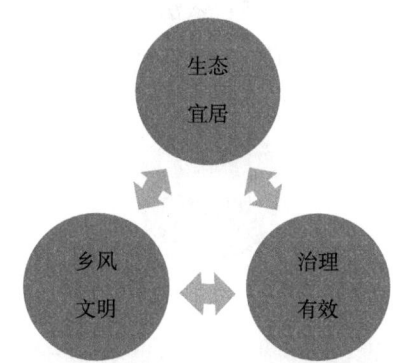

图5-1 农村现代化三方面逻辑关系示意

1. 生态宜居

打造生态宜居的美丽乡村,是推进乡村振兴战略的重要一环。根据已颁布的乡村振兴相关文件,生态宜居建设的重点方向主要包括改善农村人居环境、加强乡村公共基础设施建设、提升农村基本公共服务水平三方面。考虑到公共服务城乡一体化能够更好地体现农村公共服务现代化的目标，因此本研究将公共服务方面放在城乡融合中进行评价。

2. 乡风文明

乡村振兴中的乡风文明代表着更高标准的促进乡风文明，在未来现代化进程中，要深入挖掘乡村优秀传统文化蕴含的思想观念、人文精神、道德规范，结合时代要求继承创新，让乡村文化展现出永久魅力和时代风采（叶兴庆，2018），具体可以体现在乡村文化和乡村文明两个方面。

3. 治理有效

乡村善治是国家治理体系和治理能力现代化的基础。在农村现代化的目标下，需要在完善村党组织领导的村民自治制度的基础上，进一步加强农村基层基础工作，根据农村社会结构的新变化、实现治理体系和治理能力现代化的新要求，健全自治、法治、德治"三治结合"的乡村治理机制（叶兴庆，2018）。具体来说包括党建引领、依法自治和改革发展三个方面，其中党建引领是基础，支撑依法自治和改革发展；依法自治是手段，促进改革发展；改革发展是综合效果，是党建引领和依法自治共同作用的结果（图5-2）。

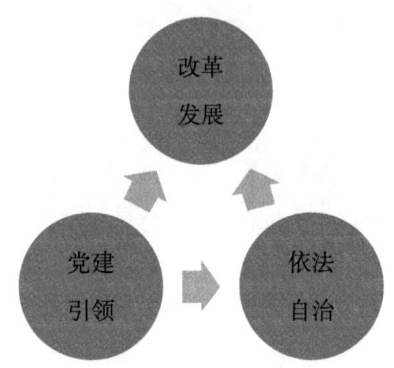

图 5-2　治理有效三方面逻辑关系示意

综上，根据鱼骨图法画出农村现代化的具体逻辑框架见图5-3。

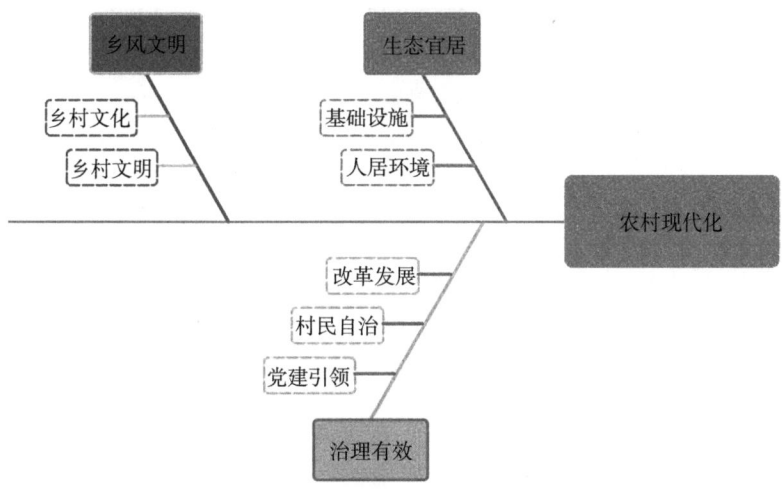

图 5-3 农村现代化逻辑框架

三、农村现代化评价指标遴选

在农村现代化理论框架分析的基础上,构建了农村现代化目标下的两级指标体系,具体见表 5-1。通过中国知网下载近年来核心期刊以上农村现代化评价和乡村振兴评价相关学术文章 88 篇,其中列出具体评价指标体系的文章 52 篇,对其中的所有农村现代化评价指标在农村现代化生态宜居、治理有效、乡风文明三个方面的理论框架下进行指标频次统计,进而结合理论综合分析和指标频次进行农业现代化评价指标筛选。在进行农村现代化评价的文献中,由于"三农"的相互关联性,部分文献除农村现代化外还涉及农业现代化、农民素质、城乡融合等方面相关评价指标,由于本指标体系中农业现代化、农民现代化和城乡融合评价指标为其他三个独立评价目标,因此在频次统计中剔除了其他三个方面的统计指标。

表 5-1 农村现代化评价两级指标框架

领域	一级指标	二级指标
农村现代化	生态宜居	基础设施
		人居环境
	治理有效	党建引领
		村民自治
		改革发展
	乡风文明	乡村文化
		乡风文明

1. 农村生态宜居评价指标

生态宜居评价指标频次统计结果见表 5-2。涉及基础设施的指标累计出现频次有 61 次，其中道路、自来水和互联网三个方面的相关指标出现频次最多，通燃气和快递网点相关指标次之，考虑到村庄是否应该都通燃气还存在一定的争议性，因此暂时没有选择该评价指标。最后选择自然村通硬化路比例和自来水覆盖率两个指标衡量基础设施现代化水平。涉及人居环境的指标累计出现了 72 次，其中卫生厕所、生活垃圾处理、污水处理和村庄绿化覆盖率出现频率最高，考虑到美丽宜居村庄涵盖村庄绿色等相关问题，是一个更为综合的结果型指标，且全国各区域均有类似的村庄评比，数据可获得性较强，因此最后选择卫生厕所、生活垃圾处理、污水处理和美丽宜居村占比四个指标衡量人居环境水平。

表 5-2 农村生态宜居涉及指标出现频次统计

指标所属主题	指标主要内容	出现频次（次）
基础设施	村内道路硬化率/亮化率/绿化率/公路网密度/公交班次	19
	自来水普及率/安全饮用水普及率	15
	农村互联网普及率/宽带	11
	通燃气村比重	9
	快递配送网点建制村占比/人均农村投递线路长度	7

(续表)

指标所属主题	指标主要内容	出现频次（次）
人居环境	农村卫生厕所普及率	19
	生活垃圾无害化处理率	18
	生活污水处理率	16
	村庄绿化覆盖率	13
	环境空气质量/河流水质优良率/环境污染综合指数	5
	新时代美丽乡村达标创建率	1

2. 农村治理有效评价指标

治理有效评价指标频次统计结果见表5-3。涉及党建引领的指标累计出现频次为13次，其中是否实现村党组织书记兼任村委会主任指标出现频次最高，虽然该指标存在属于阶段性工作目标的特征，但是考虑到其对党建引领的重要作用，仍选择该指标作为衡量党建引领水平评价指标，下一阶段指标体系修正时重点考虑是否另选指标。涉及依法自治的指标累计出现了27次，其中涉及村务公开和村民参与的指标出现频次最高，也是体现依法自治水平的关键，因此选择执行"四议两公开"制度的建制村比例指标衡量依法自治水平。涉及改革发展的评价指标累计出现了10次，主要就是集体经济强村占比和村庄规划管理覆盖率两大指标，考虑到两个指标对于农村改革发展的重要性，因此将两个指标都选择为衡量改革发展水平的三级指标。

表5-3 农村治理有效涉及指标出现频次统计

指标所属主题	指标主要内容	出现频次（次）
党建引领	是否实现村党组织书记兼任村委会主任	5
	村干部中党员比重/乡贤	3
	专科以上学历村干部比重	3
	农村党员人数占比	2

(续表)

指标所属主题	指标主要内容	出现频次（次）
依法自治	村民参与一事一议的比重/建制村务公开率/参与选举投票的村民占比	9
	每万人发生刑事案件/民事纠纷数量/上访户数	7
	有村规民约的乡村占比	5
	村民监督委员会/理事会覆盖率	4
	平安示范村占建制村比重	2
改革发展	集体经济强村占比/建立集体经济组织的村占比	7
	村庄规划管理覆盖率	3

3. 农村乡风文明评价指标

乡风文明的评价指标频次统计结果见表5-4。涉及乡村文化的指标累计出现频次为35次，其中村或乡镇综合文化服务中心覆盖率出现频次最高，数据也具有可获取性，因此选择利用基层综合文化服务中心指标衡量乡村文化水平。涉及乡村文明的指标则相对较低，累计出现频次仅为9次，说明乡村文明还未引起足够重视，但是从乡村未来可持续发展的角度来看，以村民思想道德水平为核心的乡村文明尤为重要，因此还应该引起高度重视。本研究选择出现频次相对较多的县级以上文明村这一综合指标衡量乡村文明水平。

表5-4 农村乡风文明涉及指标出现频次统计

指标所属主题	指标主要内容	出现频次（次）
乡村文化	农村社区/乡村综合服务站普及率/举办文化活动	29
	有体育健身场所的村比重	4
	保护发展地方优秀特色文化的农村财政投入比例	1
	地方特色优秀文化的市场转化率	1
乡村文明	县级及以上文明村/乡镇/文明户占比	5
	农村离婚率	4

四、农村现代化评价指标体系构建

综合上述农村现代化理论框架分析和指标频次法筛选出的三级评价指标,构建出基于生态宜居、治理有效、乡风文明三个方面的三级评价指标体系,具体见表5-5。

表5-5 农村现代化评价指标体系

领域	一级指标	二级指标	三级指标
农村现代化	生态宜居	基础设施	自然村通硬化路比例
			农村自来水普及率
			乡村快递服务覆盖率
		人居环境	美丽宜居村庄占比
			农村生活污水治理率
			农村生活垃圾收运处置体系覆盖率
			农村无害化卫生户厕普及率
	治理有效	党建引领	村党组书记兼任村民委员会主任的村占比
		村民自治	执行"四议两公开"制度的建制村比例
		改革发展	村庄规划管理覆盖率
			集体经济强村占比
	乡风文明	乡村文化	基层综合性文化服务中心覆盖率
		乡风文明	县级以上文明村占比

参考文献

陈晓华,马远军,张小林,等,2005. 城市化进程中乡村建设的国外经验与中国走向[J]. 经济问题探索(12):17-20.

黄祖辉,2018. 实施乡村振兴战略须厘清四个关系[J]. 农民科技培训(10):32-33.

李锋传,2007. 日本建设新农村经验及对我国的启示[J]. 经济管理文摘(8):1-11.

李瑞霞，陈烈，沈静，2008. 国外乡村建设的路径分析及启示［J］. 城市问题（5）：89-92.

邱春林，2019. 国外乡村振兴经验及其对中国乡村振兴战略实施的启示——以亚洲的韩国、日本为例［J］. 天津行政学院学报，21（1）：81-88.

王亚华，苏毅清，2021. 乡村振兴——中国农村发展新战略［J］. 中央社会主义学院学报（6）：49-55.

叶兴庆，2018. 新时代中国乡村振兴战略论纲［J］. 改革（1）：65-73.

第六章 农民现代化评价指标体系构建

一、发达国家农民现代化经验借鉴

1. 发达国家农民现代化模式

美国模式——发达农业带动型。从 20 世纪 20 年代到 50 年代，美国实现了全面的机械化。在 1930—1944 年，由于农业劳动生产率显著提高，农业人口大为减少，仅占美国总人口的 19%，这就为农民职业化提供了必要前提。城市化的扩张使耕地面积锐减，要求农民不断提高土地产出率，国家采取了教育、科研、推广"三位一体"的合作农业推广体制来促进农业的发展。包括大力创建农科院校，为农业科研成果研究和应用推广成果转化，促进农业发展，促进农业科学知识、新品种、新发明、新技术及先进方法等的传播，培育了现代化农民。

法国模式——政府引导型。第二次世界大战前，法国是一个典型的小农社会，第二次世界大战后政府利用各种优惠政策引导农民迈入现代化进程。首先，实施土地规模经营政策促进农村剩余劳动力的转移，发放脱离农业终身补贴鼓励年轻人进入服务业，以及鼓励经营能力低下的小农离开农业。其次，重视农村人力资源开发，规定农民必须接受职业教育，实行农民"终身教育"；除了接受正规农业院校教育，每年还有 10 多万名农民接受职业培训。

日本模式——组织保障型。组织农民走合作化道路是日本农民现代化的保障。在日本100%的农民加入农协,农协有自己的农产品加工场所、技术开发和培训基地,甚至还有医院、银行和保险公司,使农民得到充分的保障。农协十分重视农民教育和培训,不仅采取多种形式对农协成员进行教育和培训以提高他们的素质,通过农业的各类资格认证制度对他们进行考核,而且对农协成员子弟进行培训,以提高他们爱农、务农意识。

韩国模式——新村运动主导型。新村运动在开始形成阶段以官主导、民参与的发展模式,通过思想启蒙、要件支援、教育研修等手段,改善农民生活环境,提高农民的生活质量,以实现农民物质层面的现代化。而在发展阶段,则转变成民主导、官支援的发展模式。首先,采用鼓励先进、惩戒落后的方式,来提高农民思想意识,以实现精神层面的现代化。其次,采取有效措施增加农民收入,通过政府补贴等多项政策,使农民收入快速增加。最后,对农民进行思想启蒙。新村运动从改善农村环境开始,随后成为一场提升农民思想观念的运动和人的现代化运动,成为法国农民现代化的重要推动力。

2. 培养农民、提高农民素质的发展策略

美国、英国、法国、德国、荷兰都高度重视农民培养工作,对农民进行教育培训的历史悠久,并早就进入制度化阶段。一是立法保障农民教育培训,韩国早在1949年就制定了《韩国教育法》,又于1960年颁发了《农村振兴法》,后续的《农渔民后继者育成基本法》《农渔村发展特别措施法》,确定了农渔民后继者培养制度和种业农户的培养制度。二是政府补贴农民教育培训,韩国、德国、英国等国将农民教育培训列入政府财政预算,予以财政补贴。三是建立完善的农民教育培训体系,法国、荷兰、韩国等都建立较为完整的、多层次的农民教育培训体系,使农民在系统训练后具备较高的科学文化素质和农业技术素质。四是注重实践教育,注重理论与实践相结合,农民教育逐渐向现场化方向转变,现场参观、实习体验和讨论等贯穿于整个培训的始终。五是办学形式灵活多样,向多层次、多样化方向发展,法国办学机制相当灵活,职业培训深入田间地头、落实到农民家庭;德国的农民教育培训分为普通教育、职业培训和成人教育等;韩国农协的培训有短期培训,也有长期正规学历教育,还分为不脱产、半脱产和全脱产等形式。

二、中国农民现代化的理论框架

1. 中国"农民"的概念

中国的"农民"一词，并不纯粹指农业生产者，它包含以下几层意思：①农民是一种职业概念，是从事农业生产的劳动者，从其生产方式、生产的产品到满足社会粮食需求的功能都具有职业特性；②农民是一种身份概念，是与"城里人"相对应的"乡下人"；③农民是一个阶级概念，指占有少量承包土地的社会利益群体；④农民是个文化概念，是传统文化模式的载体。鉴于社会现代化研究的需要和我国社会发展的实际情况，本研究在讨论农民现代化问题时所使用的"农民"概念，是指职业意义和身份意义相统一的农村居民，即具有农村户籍适龄的农业劳动人口。

农民是农业农村的主体，是农业农村现代化的人力资源，是整个"三农"工作的核心。要实现农业农村现代化，需要农民去推动和实践，实现农业现代化关键在于有能力的农民获得并使用现代的生产要素（舒尔茨，2003），将先进的管理手段和技术应用在农业生产生活中。只有农民的人力资本得到提高，整个农业农村现代化才能实现。而农业农村现代化的成果，也是最终惠及农民，由农民享受。因此，农民是农业农村现代化的推动者和成果分享者。

2. 农民现代化的内涵和外延

（1）学术界的观点

关于农民现代化的本质，学术界有几种观点：①发展阶段过渡论，是从传统人到现代人的变化过程（任海洋，2014）；②综合素质提升论，全面提高农民各方面综合素质，是更加符合现代社会的综合要求（荀颖萍 等，2009）；③职业身份转化论，农民非农化的转变过程，包括农村剩余劳动力向非农产业的转移与流动，农民职业的分化和农民社会身份的变迁（王新祝，1997）；④农民全面发展论，本质上是人的全面发展问题，如何使农民成为融理性、科学性和制度性于一体，实现农民全面发展的过程（伏晓，2005）；⑤文明形式论，人的现代化（农民现代化）主要是一种心理态度、价值观、生活方式的改变过程（罗荣渠，2004）。

上述观点虽然研究视角有所不同，但具有普遍的共同点：一是中国农民的现代化是实现中国农民从传统人向现代人转化并全面提高人的综合素质的发展过程；二是农民现代化的实现以农民综合素质的提升并能够适应社会现代化发展的要求为基本前提；三是中国农民现代化的实现是一项涉及人和社会同步、协调、全面发展的复杂的系统性工程；四是农民现代化与农业、农村现代化同时演进，没有农民的现代化就不可能有农业、农村的现代化，而且，前者是后者的必要条件和归宿。

（2）农民现代化的内涵和外延

基于农民是农业农村现代化的推动者和成果分享者这个界定，本研究从内容论和过程论两个维度来理解农民现代化的内涵和外延。一方面，农民是农业农村现代化的推动者，可理解为农民是农业农村现代化的动力来源和智力支撑，农民现代化是农民素质不断提高的过程；在实现农民现代化的状态下，表现为农民具有现代化的思维，具备现代化的技能，能够熟练掌握和运用现代化的技术，具有较高的人文素养和文化水平。从这个意义上来说，农民现代化的实质就是传统农民逐渐向现代化的新型职业农民转化的过程，在这一进程中，制约农民发展的传统障碍不断被突破，促进其全面发展的现代元素不断获得，使生活在自然经济条件下从事传统农业生产的农民转变为适应市场经济和从事现代农业生产的新型农民。根据我国的实际情况，参照国际通常的标准，新型的农民应该是"有文化、懂技术、会经营"的农民（韦向阳，2009）。

其中"有文化"，是指现代化的新型农民应该是掌握现代科学文化的知识型农民。即拥有一定的文化知识，具有辨别是非能力的农民，这是现代农民的最基本要求。文化素质的提高可以使农民从精神风貌到思想道德修养发生变化，在经济全球化时代市场经济竞争日趋激烈的条件下具备一定的现代意识，包括适应社会发展要求所应具备的宽广眼界、进取精神、责任意识和创新意识，比如公民意识、市场意识、竞争意识、信息意识、科技意识、质量意识、法治意识等较高的文化素养。"懂技术"，是指现代化的新型农民应该是掌握一定的先进科学技术和劳动经验的技能型农民。新型农民既要掌握科技知识,更应具备运用科技知识的技能,特别是从事现代农业生产和其他现代科学劳动、发家致富的实用技能。"会经营",是指现代化的新型农民应该具备现代经营管理素质,能够比较理性应对市场经济大潮波动的经营型农民。农业的市场化发展趋势,要求现代化的农民能够主动融入市场经济,参与市场竞争,具有一定的市场意识、信息接受与反馈能力、能够参与市场竞争的素质和能力,他们不再是纯粹的农业劳动者,而逐步转变为农业商品生产者。

从现实来看,我国农民的就职能力一是来自基础教育,二是来自农民职业技能培训。自2012年中央一号文件提出要培育新型职业农民以来,中央和地方政府都加大了对农民教育培训的财政投入,为农民提供内容丰富、形式多样的技能培训,有力促进了农民农业生产能力、非农业就业能力、市场经营能力、职业素养和法律意识的提高。

另一方面,农民是农业农村现代化成果的分享者,可理解为:从过程上看,农民现代化是农民物质生活和精神生活不断提高的过程;从内容上看,在实现农民现代化的状态下最重要的特征是农民"富",表现为农民生活方式和生活水平的提升,有着较好的收入来源、富裕的精神和物质生活水平,最终达到实现全体人民共同富裕。考虑到我国小农户的特点及其严重的脆弱性,农民家庭的健康、养老等都可能成为小农户生存的巨大压力,本研究增加农民健康水平作为生活水平的二级指标。

3. 评价指标框架

综上,本研究中农民现代化的评价包括三方面内容:①农民职业素质,包括文化教育水平、职业培训水平;②农民生活水平,体现在收入水平、生活方式和健康水平;③农民思想观念,体现在思维方式和价值观符合现代化的发展要求。由于思想观念难以量化衡量,本研究重点针对农民职业素质、农民生活水平和农民健康水平开展评价指标的遴选,农民现代化一级和二级指标框架如图6-1所示。

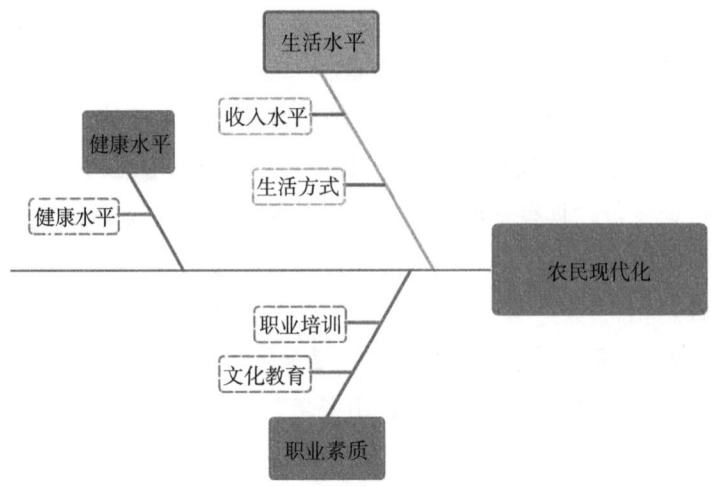

图 6-1　农民现代化评价逻辑框架

三、农民现代化评价指标遴选

根据 50 多篇关于农民现代化评价以及包含农民现代化评价的农业农村现代化评价文献统计，二级指标文献频次统计结果见图 6-2。对于农民现代化评价的

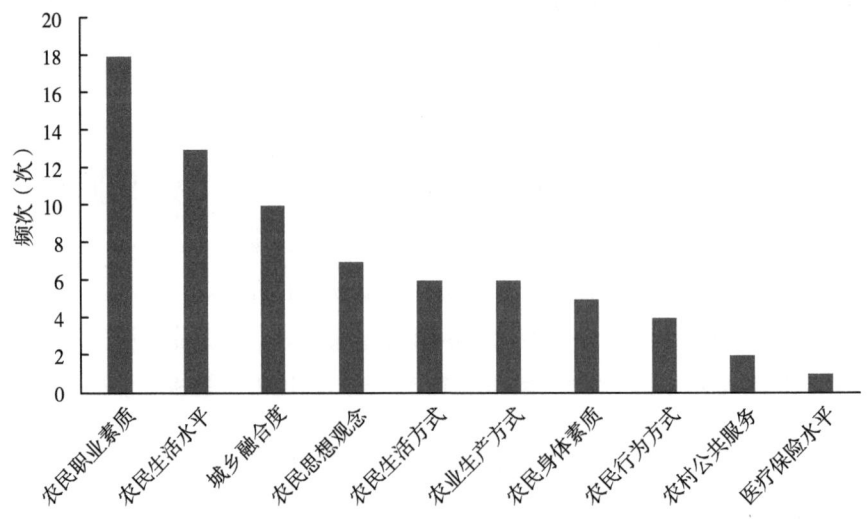

图 6-2　农民评价二级指标频度

内容建议中，农民职业素质和农民生活水平的采用频度最高，分别为18次和13次，与本研究农民现代化逻辑框架相符；城乡融合度、农民思想观念、农民生活方式和农业生产方式次之。有相当一部分文献对于农民现代化的评价内容囊括了城乡融合状况、农村公共服务水平、农村基础设施条件、农业生产方式等方面，在本研究中属于农业现代化、农村现代化和城乡融合方面的内容范畴（表6-1）。

表6-1 农民现代化两级指标框架

领域	一级指标	二级指标
农民现代化	职业素质	文化教育
		职业培训
	生活水平	收入水平
		生活方式
	健康水平	健康水平

1. 农民职业素质评价指标

涉及农民职业素质指标组文献频次统计结果见表6-2。其中，人均受教育年限和农村劳动力中的初中及以上文化人数占比使用频率最高，分别出现7次和5次，用于评价农民的文化教育程度。在少数文献中也有采用每万人普通中学毕业生数量、农村学前教育毛入园率等指标，而我国当前学前教育已经基本全覆盖，高中教育普及的程度还比较低。在职业培训方面，年均农民培训次数出现2次；现实中农业培训丰富多样、机会很多，单纯从培训次数上考核无法体现培训质量。2019年以来中国人力资源发展中心开发了人才评价体系，推出了农艺师、电子商务师、园艺师、农资营销师、农产品经纪人、园艺嫁接师、园艺修剪师、农业职业经理人等农业类职业技能证书，本研究以职业农民占比为考核指标（表6-2）。

表6-2 农民职业素质涉及指标出现频次统计

指标所属主题	指标主要内容	出现频次（次）
文化教育	人均受教育年限	7
	初中及以上文化人数占比	5

（续表）

指标所属主题	指标主要内容	出现频次（次）
职业培训	年均农民培训人次	2
	农村成人文化技术培训学校数	2
	每万人普通中学毕业生人数	1

2. 农民生活水平评价指标

农民的生活水平现代化程度，从收入水平、生活方式和健康水平三方面进行衡量。现阶段人居可支配收入、私家车数量、娱乐支出、教育支出等逐渐成为衡量农民收入增长和生活水平提高的重要表征。在 50 篇文献中，一致首选人居可支配收入作为收入水平的衡量指标，指标频次为 48 次。而生活方式的指标包括农村恩格尔系数、农村居民人均生活消费支出、农村居民人均教育文化娱乐支出占比、农村居民家用汽车拥有量，频次分别为 31 次、12 次、12 次、6 次。基于指标科学性和数据可获得性，围绕农民收入和生活方式两个方面，选取了农村居民人均可支配收入、农村居民恩格尔系数、农村居民每百户年末家用汽车拥有量、农村居民人均教育文化娱乐支出占比 4 个三级指标（表 6-3）。

表 6-3 农民生活水平涉及指标出现频次统计

指标所属主题	指标主要内容	出现频次（次）
收入水平	农村居民人均可支配收入	48
生活方式	农村恩格尔系数	31
	农村居民人均生活消费支出	12
	农村居民人均教育文化娱乐支出占比	12
	农村居民家用汽车拥有量	6
	农村人均住房面积	5
	人均用电量	4
	每百户家庭电脑拥有量	2
	每百户家庭移动电话拥有量	1
	农村贫困发生率	1

3. 农民健康水平评价指标

以往对健康水平的衡量主要通过人口平均预期寿命、婴儿死亡率、自杀人口占比等指标来衡量，但随着经济社会发展和医疗水平的提升，农村地区的婴儿死亡率和自杀人口数量急剧下降，未对农民素质提升等产生显著影响。而人口寿命的不断提升逐渐成为农民健康水平的重要表征。因此，本研究用农村人口平均预期寿命来表示农民健康水平。

四、农民现代化评价指标体系构建

结合 50 多篇相关评价研究文献，综合分析评价指标的合理性并做出适当调整，筛选出农民现代化三级指标共计 3 个一级指标、6 个二级指标、8 个具体指标，见表 6-4。

表 6-4 农民现代化评价指标体系

目标	一级指标	二级指标	三级指标	单位
农民现代化	职业素质	文化教育	初中及以上学历农村劳动力占比	%
		职业培训	职业农民占农村劳动力比例	%
	生活水平	收入水平	农村居民人均可支配收入	万元
		生活方式	农村居民恩格尔系数	%
			农村居民每百户年末家用汽车拥有量	辆/百户
			农村居民人均教育文化娱乐支出占比	%
	健康水平	健康水平	农村人口平均预期寿命	岁

参考文献

伏晓，2005. 论中国农民问题和农民的现代化 [J]. 前沿（12）：198-202.

苟颖萍，贺春生，2009. 社会转型期的中国农民现代化路径探析 [J]. 未来与发展（4）：5-7.

罗荣渠，2004. 现代化新论——世界与中国的现代化进程［M］. 北京：商务印书馆.

任海洋，2014. 中国农民现代化的现状研究［J］. 科技致富向导（23）：104.

舒尔茨，2003. 改造传统农业［M］. 北京：商务印书馆.

王晓毅，罗静，2022. 共同富裕、乡村振兴与小农户现代化［J］. 北京工业大学学报（社会科学版），22（3）：64-74.

王新祝，1997. 论科技教育在农民现代化过程中的作用［J］. 中国科技论坛（1）：50-52.

韦向阳，2009. 农民工与中国农村现代化［D］. 福州：福建师范大学.

翁洪超，2022. 恩施州农业农村现代化水平评价及发展路径研究［D］. 恩施：湖北民族大学.

第七章 城乡融合评价指标体系构建

面对城乡发展均衡状态的系统性、复杂性和差异性,城乡融合并非中国特有的,而是一个世界性面临的共性问题。发达国家经历工业化、城镇化较早,对如何均衡化发展城乡关系,推动城乡协调、有序、共进发展做了大量探索和实践,尽管我国和发达国家政治体制不同,但是受到共同经济规律的支配影响,发达国家城乡融合发展的经验总结对我国仍然有一定的借鉴和参照价值。因此,系统地对美国、英国、德国、法国、日本以及韩国在城乡融合发展的城乡要素流动、公共服务资源配置、城乡基础设施建设以及多元乡村经济发展等方面的实践进行探索、梳理和总结,以期为我国新时期中国式城乡融合发展的"以评促建"起到借鉴作用。

一、发达国家城乡融合发展的经验借鉴

1. 城乡要素合理流动机制

城乡之间要素的合理流动是城乡融合发展的基础和前提。城乡要素主要包括人口要素、资本要素和土地要素。其中人口要素合理流通有助于紧密城乡关系,合理城乡布局,资本要素合理流动有助于为乡村振兴发展提供资金保障,土地要素合理流动对于提升乡村发展水平具有不可替代的作用。

首先,要保障人口要素合理流动。世界各国在保证人口要素流动方面都采取了非常积极的措施:美国采取了城乡居民双向自由迁徙制度(付娜,

2014),在合法身份之下可以自由选择居住地,从而有效保障了人口要素在城乡间自由流动的态势;英国则颁布了《贫民迁移法》和《联盟负担法》,力图通过法律保障居民自由迁徙的权利,同时还积极创造条件,以增加就业机会等方式,加速人口要素的流动;德国为保证人口流动效率,并未设置农业人口转化的政策门槛,农民进城后,只要按章纳税,就能成为城市居民,享受与城市居民同等的待遇(章寿荣,2010);日本通过《宪法》规定,国民享有自由迁徙的权利,实行"户籍随人走"制度,农民进城后能够较顺利地成为城市居民并顺其自然享受福利(凡兰兴,2013),为保障就业,通过了终身雇佣制(白雪秋 等,2018),为了支持乡村发展文旅产业,通过主动提供资金支持修建旅游配套设施,同时给予"宣传发布乡村旅游信息、助力城市居民选择出行地点"的网络平台补贴(张同林,2019)。

其次,要建立资金投入保障体系。为满足实现规模化经营并推动现代化发展所需的资金,美国颁布了《农业信贷法》,同时提供诸如农业灾害、土地休耕等各类补贴(张莹,2020);英国加大了涉农的税收优惠,在农用土地遗产税、家庭农场个人所得税及公司所得税等方面给予减免或免征的优惠(汤爽爽,2012);法国则实施了一系列农业补贴政策,涉及良种推广、购买农业机械设备的补贴、乡村发展补贴和农产品质量补贴等(肖依,2011);德国采取了保护农产品价格、减免农业税的政策和对外来农产品施加强制性关税政策;韩国积极发挥农协组织的重要作用,如提供低价农资产品、提供低息政策性贷款和提供农机购买低息贷款和补贴(薛苏明 等,2017);日本提供农业贷款、农业灾害等多种补助(曹斌,2018),还发布了《农业现代化资金助成法》,对于"扶持地区满足一定条件的项目"要分别承担贴息总额40%~50%与20%~30%的贴息(汤爽爽,2012)。

最后,要注重盘活土地要素。土地要素的综合整治是吸引投资、带动乡村消费、促进乡村经济平稳较快增长最直接的措施。德国出台了《土地整治法》和《农业法》,放开了对土地出租、买卖的限制,同时发布了农民卖地退休补贴政策,实现农业用地集中;法国成立了非营利性的土地整治公司,实现土地经营流转,同时通过立法鼓励父子兄弟之间开展土地联合经营,而且还发布了《农业指导法》和《农业补充指导法》,规定土地制定好的用途不得随意更改(顾修林,2013);韩国为了提高农田利用率,给予年龄在65

岁以上的老人无偿的土地补助（张沛 等，2014）；日本制定了《农地法》和《农业基本法》，为加速土地流转提供了法律保障，同时利用《农业经营基础强化促进法》保证了优质土地供给农业生产，并提出了"认证农业人"制度，加快了农地的流转速度、推动了土地经营规模的扩大（黄璜，2006；汪先平，2008）。

2. 城乡公共服务资源配置

为缓和城乡二元结构带来的一系列矛盾与冲突，各国致力于建立完善城乡统一的社会保障制度；同时，积极开展农民职业技术教育，提高村民的文化素养；并注重发挥社会民众的力量，即通过吸引乡村居民广泛参与到城乡融合建设中来，有效减少城乡融合发展过程中的阻碍。主要从以下三方面开展工作。

首先是构建完善的社会保障体系。为满足城乡居民基本生活需求，各国政府注重建立健全社会保障体系，保障城乡居民作为社会发展成果享有者的各项权利。美国的《社会保障法》规定，城乡居民只要年满65岁，就可以享受"联邦退休金制度""养老补助制度""私人退休金制度"（刘志扬，2013）；英国建立起城乡居民失业保险制度、农场主养老保险制度等，并已逐步实现全民皆保障（王勇辉，2014）；德国颁布《农民养老金法案》，农民也能享受到专门养老保险机构提供的养老服务（付娜，2014）；法国政府通过采用为小农户提供终生养老金的方式，解除了小农户脱离农业的后顾之忧（白雪秋 等，2018）；日本颁布执行了《国民健康保险法》，形成城乡一体化国民公共医疗和养老保险体系（张晴 等，2009）；韩国将"国民年金"的覆盖面扩大到了社会范围内的各类农民（张沛 等，2014）。

其次是开展职业农民教育。美国通过社区学院和农学院组织提供不同层次的农业技术培训，同时出台了《史密斯—利弗合作推广法》等，助力涉农技术在全国范围内的推广和应用（李明 等，2014）；日本有计划、分层次地开展农民职业技术免费培训，教授农民实用性强的农业技术，提升农民的劳动技能（黄立华，2007）；韩国通过"农协"建立起包含"农业技术知识、各类培训项目"等在内的全国性农业技术宣传网站，同时加强了对社会各阶层人员的培训，强化了村民的主体意识（肖依，2011）；英国出台了《农业培训局法》，并通过农学院对学生实施分段教学；同时成立了农业培训中心并发放国家农业证书（陈承明，2010）；德国非常注重职业教育，推行的是"双元制"职业教育的办学模式，主要用于培养应用型专门人才（李勤 等，2009）；法国颁布了《农业教育指导法》，成立了农业研究机构与农业学校，同时建立了以"公立与私立共同办农业"为模式的教育培训体系（赵庆海 等，2007）。

最后是注重发挥社会民众的力量。作为推进城乡融合发展的实践主体，各国普遍注重乡村居民的广泛参与，注重发挥社会民众的力量，推动形成城乡居民参与共建共管的良好氛围。德国的农业合作社业务不仅涉及购买饲料、耕牛、农业机械，还需要负责生产、销售等事项（李明 等，2014）；法国农民可以加入各行业的合作社，并在每年签署合同；法国的合作社实行的是企业化管理，通过创新资本融合模式，扩大经营规模，最终获取的高额经营收益仅留足农业合作社发展基金，其余由合作社会员共同分享（李玉磊 等，2016）；英国鼓励借助社会组织的力量，进一步推广和传播优秀的、具有特色的乡村文化（张莹，2010），同时，成立了专门的乡村管理机构，倡导发展壮大农业合作社，使农村农民在产品销售与农资购买中得到实惠（陈继红，2009）；日本通过在市町村设立农业协会，提供公共服务，实现了农业生产、农产品供给与销售于一体化的经营（黄立华，2007）；韩国将乡村建设主动权交给村庄、交给农民，政府不强制推进，并以"农协"提高了农民组织化的程度，增强了农民的主人翁意识（肖依，2011）。

3. 城乡基础设施一体化建设

城乡基础设施的一体化是城乡之间各类商品要素流通、扩大城乡居民消费的载体。为推进城乡基础设施的一体化，各国以乡村为重点，完善了城乡之间的交通网络、建设了信息化基础设施，改善了乡村居民的生活环境，继而为城市扩散效应的发挥创造了良好条件。主要在以下三个方面开展工作。

首先是完善城乡之间的交通网络。交通网的建设与完善，可以有效缩短城乡空间距离、紧密城乡关联。为支撑城乡融合发展，各国注重城乡交通网络体系的建设。美国通过《联邦资助公路法案》法律保障，并依托公路、铁路等形成了四通八达的交通网；德国通过建立起便捷的公共交通，将各市镇有效联系起来，形成了环路密集的道路网，扩大了城乡居民的活动半径，方便了城乡居民在工作及生活中开展交流（王勇辉 等，2011）。法国在全国范围内建成了包含各级公路、铁路等为一体的交通系统。日本建立起发达的轨道交通系统，并注重轨道交通、长途客车及公共汽车等方式之间的衔接性，方便居民在城乡间实现转移（李志 等，2018）。日本一些县镇依托轨道交通的便利，带动完善了生活娱乐、教育和医疗等各方面的基础设施，形成了大型都市圈与经济圈（白雪秋 等，2018）。韩国则通过修建新道路、改善现有道路——"进村道路、支路及村内道路"，从而有效改善了乡村的道路系统，并将农户、稻田和丘陵地都相互联系在一起，提高了农事活动的效率（张薇，2014）。

其次是改善乡村居民的生活环境。立足于提升乡村居民的生活质量，各国推动完善农村基础生活设施建设。美国政府主动承担农村道路、供水、垃圾与污水处理设施的建设，并以贴息、适度补贴等方式助力供水、污水和垃圾处理企业的建设质量及良好运转（刘志扬，2013），同时出台了《农村电气化法》，成立了农村电气化管理局，助力开发电源与完善农村电气化设施建设（胡月 等，2019）；英国持续增加了对农村建设的相关投入，助力乡村道路、水电及排灌等设施的建设和完善，并积极推动教育、文化、医疗卫生等社会公共事业的发展，助力乡村生活方式实现现代化。日本政府主导实施"农村综合治理项目"，建设与民生密切相关的基础设施，同时主导推动"新造村运动"，开展乡村生活基础设施的新修与维护工作（曹斌，2018）。韩国为完善农村基础设施，不仅给予农村建设所需的水泥、钢材等建筑材料，还帮助农民改善住房条件并完善生活基础设施建设，同时激励农民自主参与建设，鼓励社会资本流入（张莹，2020）。

最后是提升信息化发展水平。进入知识高度发达的时代，信息化已成为乡村经济社会乃至推动城乡融合发展的重要手段。英国启动了"家庭电脑倡议"计划与"家庭培训倡议"计划（熊春林，2013），通过采取"可上网电脑+技术顾问+巴士"的方式为偏远地区村民提供信息获取渠道；同时，为支持边远农村小社区的宽带建设，还设立了"农村宽带基金"等（李瑾 等，2012）。美国为吸引创新阶层流入，采取了改善宽带基础设施的举措（Conley et al.，2016），同时制定了"美国农业部农村发展宽带计划"，推动互联网等手段在农业农村的应用；法国为了扩大宽带覆盖范围，将 101 个县纳入国家宽带计划，大力支持并通过引入与信息网络及产品相关的市场力量参与农村信息传播基础设施的建设；日本通过国家信息化战略的实施，提高了固定电话及移动电话的普及率、家庭计算机及 4G 网络等移动宽带的普及率等，同时推行"提速降费"，降低了移动通信的价格；韩国为提高信息化发展水平，不仅增加了建设通信基础设施的投资，还鼓励市场主体参与农村信息化建设，农村居民家庭计算机实现了 100%全覆盖（冯献 等，2020）。

二、城乡融合发展理论框架构建

纵观城乡协调发展的历史，城乡一体化发展理论、马克思主义城乡融合发展理论从不同角度出发提出了城乡融合发展的原始构想。进入 20 世纪 70 年代中期以来，对城乡发展的研究重点重新聚焦到城乡互动发展的问题上，形成了"城乡互动关联发展理论"。

1. 城乡融合发展理论演进分析

(1) 城乡一体化发展理论

西方早期的城乡一体化发展理论源于 19 世纪末至 20 世纪初，资本主义的发展激化了城乡矛盾，赖特、霍华德等学者在研究解决城乡发展中存在的现实问题的过程中逐步形成了最早期的城乡一体化发展理论。

在面对西方社会城市快速发展集中、贫民区不断扩散的现状时，霍华德提出城市和乡村必须结合，这种结合将迸发出新的希望、新的生活和新的文明（埃比尼泽·霍华德，2010）。为实现城乡空间的合理布局，使大城市能够健康快速发展，沙里宁提出要疏散诸多相互关联的功能单元，将拥挤的城区变得松散（伊利尔·沙里宁，1986）。莱特从另一个角度提出了疏解城市功能的思路，即人们从城市中走出来，发展一种具有低密度分散化特征的新型城市，即"广亩城市"，不仅能够让人们更加享受生活，也能扩大就业面，保障就业率（潘晓成，2018）。而在生态文明可持续发展方面，芒福德从保护自然环境出发，认为城乡需要共同发展，并指出理想中的城市既能体现城市的快捷便利性，又能体现乡村的生态文明优势，即兼有城乡的优点（刘易斯·芒福德，1989）。

西方国家早期的城乡一体化发展理论虽然没有明确提到城乡融合，但是从学者的研究中发现，城乡融合发展的苗头已经开始占据主要地位，开始强调城市和乡村应该实现有机结合，也是城乡融合发展的前身。

(2) 马克思主义城乡融合发展理论

在工业革命和城市化的时代背景下，马克思和恩格斯运用辩证唯物主义和历史唯物主义研究法深刻总结和分析了西方资本主义国家城乡融合发展的过程，认为城乡关系从分离到融合是有一定规律的：即在社会基本矛盾运动规律的必然趋势下，城乡发展经历了从混沌一体到分离对立发展，最后要在互动中实现融合发展。马克思和恩格斯提出的城乡融合发展的思想主要包括四大方面：一是科学地展望了未来共产主义社会；二是剖析了城乡分离与对立的根源；三是指出城乡关系发展的最终归宿即是城乡融合；四是系统阐述了城乡融合的实现条件及路径等，这四大方面的提出构成了新的城乡发展理论体系框架。

实现城乡融合，要实现四个方面的突破：一是需要满足物质及社会两个先决条件，即高度发达的社会生产力与消灭生产资料私有制；二是需要发挥好人的全面自由发展对城乡融合的促进作用，满足推动城乡融合发展的主体条件；三是需要发挥以城带乡的作用，通过紧密工业生产与农业生产的关系，奠定城乡良性互动的基础；四是需要通过推进交通运输业等发展，加速城乡之间人口、资本等要素的交流互动等。

(3) 城乡互动关联发展理论

自20世纪70年代以后，学者对城乡发展的关注越来越聚焦在"城乡之间的互动与关联"理论问题上，这一理论关注的多是发展中国家城乡融合发展道路上遇到的问题，多以强调城乡之间的要素（人口、商品、信息等）流动为主，主要解决城乡发展失衡的问题（表7-1）。

表7-1 城乡互动发展理论主要观点

学者	主要观点
普雷斯顿 (Preston, 1975)	从城乡互动发展的角度探寻了影响城乡均衡发展的因素，提出城乡之间的相互作用体现在"人、商品、资本"的运动及"社会交易、行政和服务的供应"方面
岸根卓郎 (1990)	要充分利用城市和农村这一强大的引力，形成融合，破除二者之间的界限，建设一个能够不断向前发展，总体环境优美的美好定居之地——作为自然—空间—人类系统的"城乡融合社会"

(续表)

学者	主要观点
昂温、波特（1989）	构建了"城乡间的相互作用、联系、流"的分析框架
麦基（魏清泉，1998）	提出了一种特殊的城乡地域类型"Desakota"，它具有"似城非城、似乡非乡"的特征，在一定程度上突破了城乡之间的地域性界限
道格拉斯（Douglas，1998）	提出了区域网络发展战略，强调要改善城乡基础设施网络，以此发挥好"人、生产、商品、资金和信息流"对城乡互动关联的导向作用，促使城乡之间实现良性循环
塞特思威特、塔科里（2003）	构建了城乡相互作用与区域发展的关联模式，强调要发挥中小城镇对缓解乡村贫困问题的作用；同时，指出城乡是人员、资金、信息等各方面"联系"与"流"不断相互作用的连续体
林奇（Lynch，2005）	城乡间的相互作用通过"食物流、资源流、人流、观念流、资金流"来体现等

城乡融合发展理论的演变重视由城市优先发展，继而通过以城带乡的方式带动乡村发展，缩小城乡发展差距，但是西方城乡发展理论也存在一定的短板，就是在一定程度上忽视了乡村发展的重要性，忽视了乡村在社会经济发展中的基础支撑作用，也忽视了经济增长过程中对生态效益和社会效益的考虑，从而导致城乡二元结构问题突出，单单发挥城市或者乡村的中心作用，带来的效益和发展效率都是短期、局部的，无法实现长期整体效益综合提升，而城乡融合的研究，更加强调城乡互动关联的重要性，而且城乡融合理论提出城乡本为一体，应该共同发展。

2. 城乡融合发展评价理论框架

构建城乡融合发展评价理论体系，坚持以城乡居民为中心的发展思想，以满足城乡人民日益增长的美好生活需要为出发点，重塑新时代的城乡关系，建立城乡要素双向流动的长效机制，推动城市基础设施和公共服务设施逐步延伸到乡村地区，推动城乡基础设施共建共享共营，逐步缩小城乡发展差距，同步提升城市发展质量和乡村发展质量，同步实现城市现代化和乡村现代化，推动城乡共同富裕。推进城乡融合发展需要定量化的评估体系判断融合程度。构建具有系统性、科学性、目标性、可得性、可操作性的城乡融合发展评价指标体系，对城乡融合目标进行定量评价，有助于进一步客观评价城乡融合整体水平，城乡融合发展评价理论逻辑框架如图7-1、图7-2所示。

第七章 城乡融合评价指标体系构建

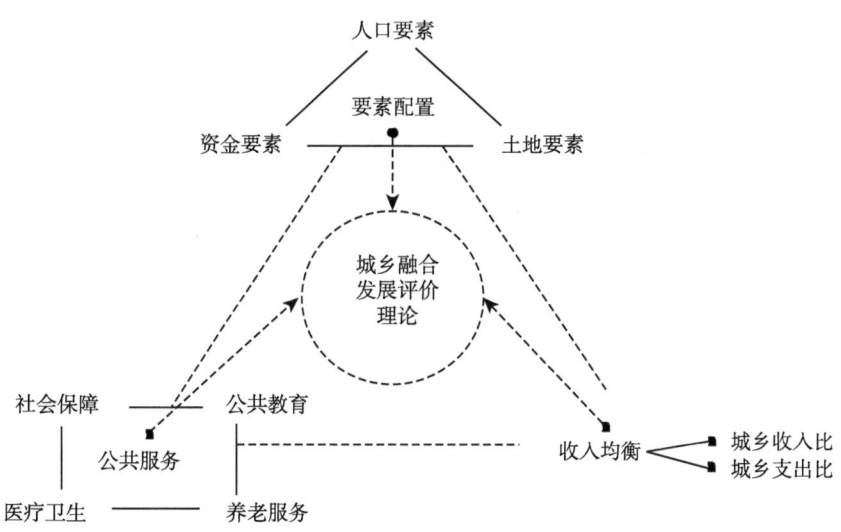

图 7-1 城乡融合发展评价理论逻辑框架示意

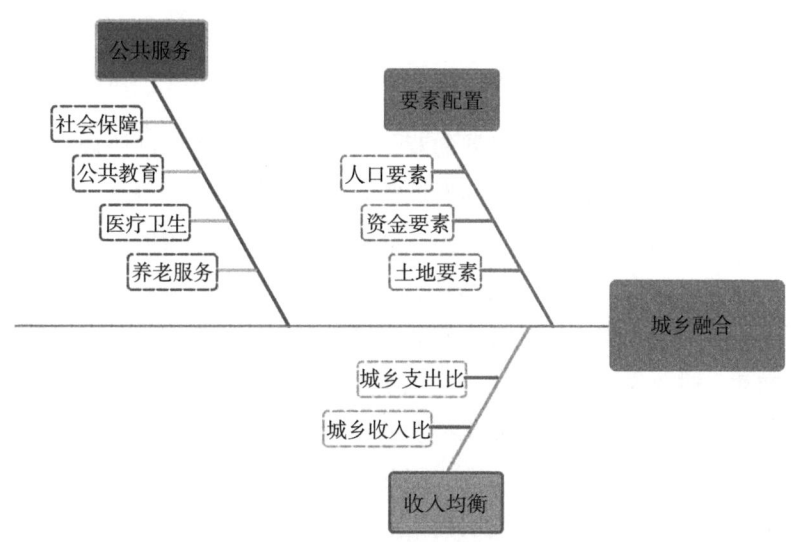

图 7-2 城乡融合发展评价逻辑框架

三、城乡融合发展水平评价指标遴选

城乡融合发展的要义在于强化城乡地域系统极化作用的基础上充分发挥扩散效应，构筑城乡命运共同体。乡村是经济社会发展的重要基础，城乡融合与乡村振兴战略相辅相成，乡村振兴应致力于创建城乡融合体制机制。随着乡村振兴战略的深入实施，中国乡村进入优先发展的关键阶段。而城乡差距的突出表现主要在要素配置、公共服务、收入均衡三个方面。其中，要素优先配置既是乡村优先发展的核心内涵，也是实现城乡融合发展的根本保障。基本公共服务体系建设能有效发挥其经济增长、收入分配、社会流动效应，为区域经济持续高质量发展及城乡融合发展奠定基础。扎实推动共同富裕需缩小城乡收入差距，城乡生活融合是城乡居民生活差距逐步缩小的过程，促进收入均衡是实现城乡融合发展的关键。因此，从要素配置、公共服务、收入均衡三个维度构建城乡融合发展水平评价指标体系。

1. 城乡融合要素配置评价指标

在国家大力推动城乡融合发展的背景下，城乡要素配置的协调可为城乡融合提供基础性支撑。城镇和乡村的发展需要经济支撑，而经济理论研究证实任何经济体的发展都离不开土地、人力、固定资产等生产要素的投入。就城镇生产而言，主要以资金、信息、技术等要素为支撑；就乡村生产而言，主要以劳动力、土地等要素为支撑；二者协调的关键在于打破原有城镇与乡村要素错配弊端，推动上述要素有序流动并合理化匹配于产业生产。其中，人口要素、资金要素、土地要素是城乡融合要素配置的重要二级指标，是提升城乡要素流动能力和破除城乡二元结构的切入点。因此，基于各项二级指标的内涵设置相应的三级指标。为提高三级指标选取的信效度，通过查阅近三年高质量文献筛选相关指标，其城乡融合要素配置评价指标频次统计结果见图7-3。涉及要素配置的指标累计出现频次有35次，其中城镇化率（9次）、涉农贷款增长额占贷款增长总额比重（7次）、新增建设用地指标用于乡村的比例（6次）、返乡创业人员占农村人口比例（5次）频次最高，因此选择城镇化率、涉农贷款增长额占贷款增长总额比重、返乡创业人员占农村人口比例、新增建设用地指标用于乡村的比例四项指标作为城乡融合要素配置评价的三级指标。而二元对比系数（3次）、农民工市民化水平（2次）等指标与频数较低且与其他指标相关性较强，因此暂不考虑。

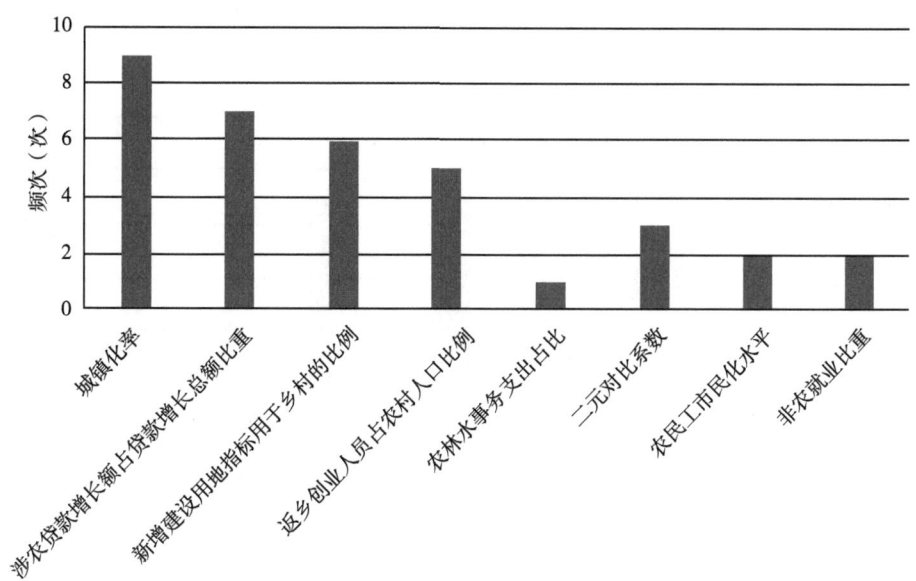

图 7-3　城乡融合要素配置评价指标频次统计

2. 城乡融合公共服务评价指标

基本公共服务发展水平的不平衡，尤其是资源、能力和服务质量等方面的不平衡，是城乡差距的突出表现，因此在城乡融合发展过程中，缩小城乡融合公共服务水平是实现城乡融合发展的重要途径。通过梳理以往有关城乡融合发展的研究发现，城乡融合公共服务衡量指标主要集中在农村居民最低生活保障标准与城市比值、城乡居民基本医疗保险参保率、城乡义务教育学校专任教师本科以上学历比例、乡村全科医生拥有量达标率、农村养老服务设施覆盖率、城乡义务教育学校师生比等八个方面（图7-4）。衡量指标累计出现频次有44次，其中农村居民最低生活保障标准与城市比值、城乡居民基本医疗保险参保率、城乡义务教育学校专任教师本科以上学历比例、城乡千人执业（助理）医师数、农村养老服务设施覆盖率频次最高，因此选择农村居民最低生活保障标准与城市比值、城乡居民基本医疗保险参保率、城乡义务教育学校专任教师本科以上学历比例、城乡千人执业（助理）医师数、农村养老服务设施覆盖率五项指标作为城乡融合公共服务评价指标。而城乡义务教育学校师生比、城乡社会保障均等化程度等指标与频数较低且与其他指标相关性较强，因此暂不考虑。

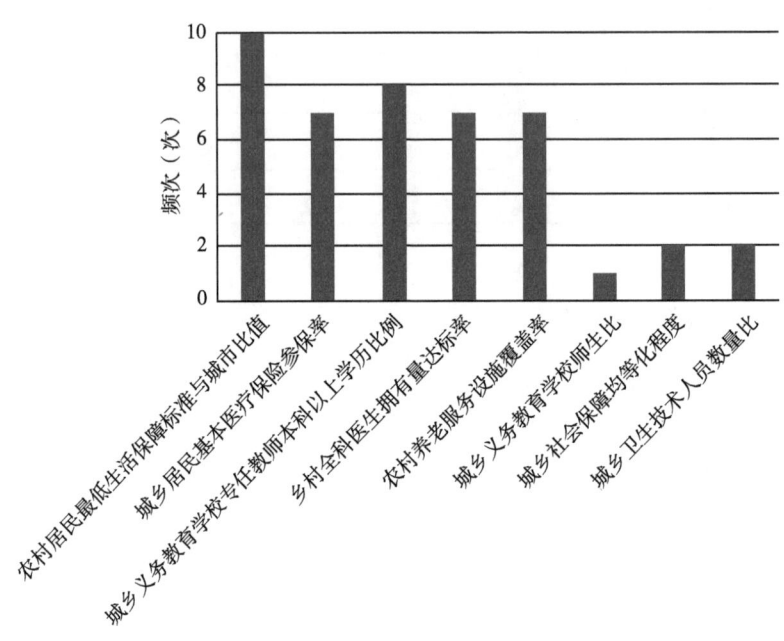

图 7-4　城乡融合公共服务评价指标频次统计

3. 城乡融合收入均衡评价指标筛选

缩小城乡差距是城乡融合发展的重要目标，也是衡量城乡融合程度的重要标准，城乡收入不平等是中国城乡融合面临的最严峻挑战。"三农"问题的核心是农民，农民问题的核心是收入。体面的经济生活水平是人民物质和精神需求的先决条件和基本保障，而居民经济生活不仅要考虑经济收入，同时也应当对消费结构的优化进行衡量。城乡收入比是衡量城乡收入差距的一个重要指标，城乡支出比是反映城乡居民消费水平差距的一个重要指标，这两个指标在某种程度上表征城乡融合程度。因此，选取城乡收入比和城乡支出比作为二级指标以体现收入均衡维度。为提高三级指标选取的信效度，通过查阅近三年高质量文献筛选相关指标，其城乡融合收入均衡评价指标频次统计结果见图7-5。涉及收入均衡的指标累计出现频次有32次，各项指标出现频数相差不大，但农村居民恩格尔系数（6次）、农村居民最低生活保障标准与城镇比例（10次）两项指标衡量收入均衡的代表性不强，因此，选择城乡居民可支配收入比、城乡居民人均消费支出比两项指标作为城乡融合收入均衡的衡量指标。

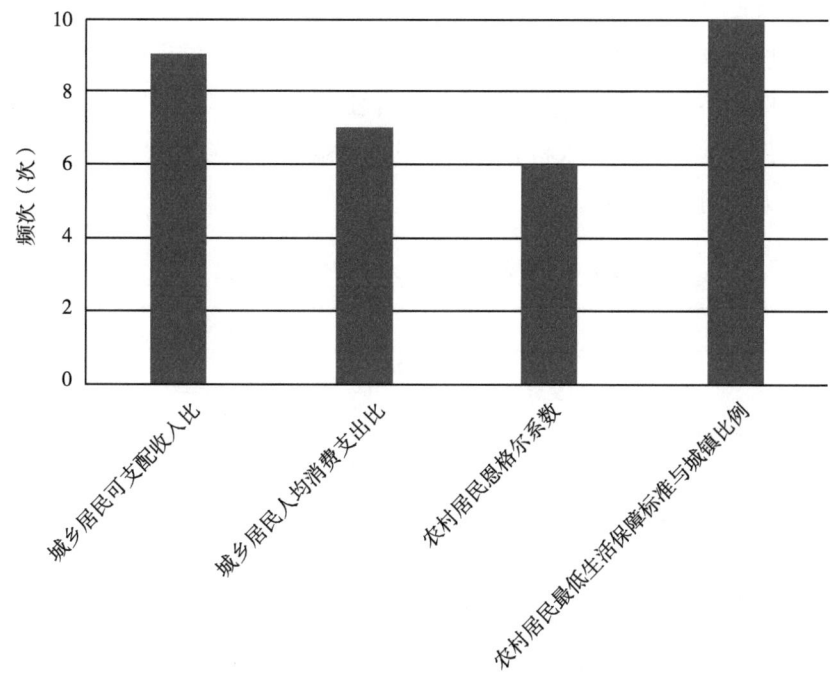

图7-5 城乡融合收入均衡评价指标频次统计

四、城乡融合发展水平评价指标体系构建

城乡融合作为城乡系统发展的高级阶段，是融合动力、融合过程、融合状态的对立统一，在设定评价指标时，需要对城乡要素流动的前提、城乡互动的

动力、城乡融合的状态进行综合考量。在构建指标体系时，既要考虑城乡之间的要素流动，也要考虑城乡之间的发展差距。在指标的选取上，比较理想的是选择城乡统计口径一致的指标，但是受数据可获得性的限制，根据城乡融合发展水平评价指标筛选过程，确定3个一级指标，9个二级指标，11个三级指标（表7-2）。其中，一级指标设置为要素配置、公共服务、收入均衡；二级指标主要设置为人口要素、资金要素、土地要素、社会保障、公共教育、医疗卫生、养老服务、城乡收入比、城乡支出比；三级指标主要设置为城镇化率、返乡创业人员占农村人口比例、涉农贷款增长额占贷款增长总额比重、新增建设用地指标用于乡村的比例、农村居民最低生活保障标准与城市比值、城乡居民基本医疗保险参保率、城乡义务教育学校专任教师本科以上学历比例、城乡千人执业（助理）医师数、农村养老服务设施覆盖率、城乡居民可支配收入比、城乡居民人均消费支出比。

表7-2 城乡融合发展水平评价指标体系

领域	一级指标	二级指标	三级指标
城乡融合	要素配置	人口要素	城镇化率
			返乡创业人员占农村人口比例
		资金要素	涉农贷款增长额占贷款增长总额比重
		土地要素	新增建设用地指标用于乡村的比例
	公共服务	社会保障	农村居民最低生活保障标准与城市比值
			城乡居民基本医疗保险参保率
		公共教育	城乡义务教育学校专任教师本科以上学历比例
		医疗卫生	城乡千人执业（助理）医师数
		养老服务	农村养老服务设施覆盖率
	收入均衡	城乡收入比	城乡居民可支配收入比
		城乡支出比	城乡居民人均消费支出比

综合以上四个章节的研究，总体构建了一个涵盖农业现代化、农村现代化、农民现代化和城乡融合四大领域，12个一级指标，32个二级指标，47个三级指标的"四·三"架构的中国式农业农村现代化评价指标体系（详见附录1）。

参考文献

埃比尼泽·霍华德, 2010. 明日的田园城市 [M]. 金经元, 译. 北京: 商务印书馆.

岸根卓郎, 1990. 迈向 21 世纪的国土规划: 城乡融合系统设计 [M]. 高文琛, 译. 北京: 科学出版社.

白雪秋, 聂志红, 黄俊立, 等, 2018. 乡村振兴与中国特色城乡融合发展 [M]. 北京: 国家行政学院出版社.

曹斌, 2018. 乡村振兴的日本实践: 背景、措施与启示 [J]. 中国农村经济 (8): 117-129.

陈承明, 施镇平, 等, 2010. 中国特色城乡一体化探索 [M]. 长春: 吉林大学出版社.

陈继红, 2009. 英国推进统筹城乡一体化的做法经验与启示借鉴 [J]. 重庆经济 (3): 38-42.

凡兰兴, 2013. 城乡一体化的国际经验 [J]. 农村工作通讯 (1): 62-63.

冯献, 李瑾, 2020. 信息化促进乡村振兴的国际经验与借鉴 [J]. 科技管理研究 (3): 174-181.

付娜, 2014. 发达国家城乡一体化经验对中国进一步城乡统筹发展的启示研究 [J]. 世界农业 (8): 47-53.

顾修林, 2013. 借鉴法国农村城市化进程经验推动中国城乡一体化 [J]. 全球科技经济瞭望 (1): 6-10.

胡月, 田志宏, 2019. 如何实现乡村的振兴?——基于美国乡村发展政策演变的经验借鉴 [J]. 中国农村经济 (3): 128-144.

黄璜, 2006. 日本推进城乡一体化的经验 [EB/OL]. (2006-09-12) [2020-02-01]. http://news.sina.com.cn/c/2006-09-12/05159994574s.shtml.

黄立华, 2007. 日本新农村建设及其对我国的启示 [J]. 长春大学学报 (1): 21-25.

李瑾, 郭美, 马晨, 2012. 三网融合与农村信息化: 国际经验与启示

[J]. 情报杂志（9）：136-141.

李明，邵挺，刘守英，2014. 城乡一体化的国际经验及其对中国的启示[J]. 中国农村经济（6）：83-96.

李勤，张元红，张军，2009. 国外城乡统筹实践及其启示[J]. 世界农业（6）：25-28.

李玉磊，李华，肖红波，2016. 国外农村一二三产业融合发展研究[J]. 世界农业（6）：20-24.

李志，魏中华，周一鸣，2018. 国外城乡交通一体化发展经验借鉴[J]. 交通工程（4）：43-48.

刘易斯·芒福德，1989. 城市发展史：起源、演变与前景[M]. 倪文彦，宋俊岭，译. 北京：中国建筑工业出版社.

刘志扬，2013. 借鉴美国经验提升城乡一体化水平[N]. 青岛日报，2013-02-23（05）.

潘晓成，2018. 论城乡关系：从分离到融合的历史与现实[M]. 北京：人民日报出版社.

汤爽爽，2012. 法国快速城市化进程中的乡村政策与启示[J]. 农业经济问题（月刊）（6）：104-109.

汪先平，2008. 当代日本农村土地制度变迁及其启示[J]. 中国农村经济（10）：74-80.

王勇辉，管一凡，2014. 英国城乡统筹政策对我国城乡一体化战略的启示[J]. 城市观察（5）：150-158.

魏清泉，1998. 城乡融合发展的动态过程——经济结构与城乡关系的改变[J]. 城市研究（2）：22-25，62.

肖依，2011. 城乡统筹发展中的农村建设：国外经验与启示——以英国、美国、日本、韩国、印度五国为例[D]. 武汉：华中师范大学.

熊春林，2013. 农村农业信息化服务能力建设研究[D]. 长沙：湖南农业大学.

薛苏明，夏永祥，2017. 发达国家城乡一体化发展之"镜"与"径"——基于"四个自信"的我国城乡一体化发展路向探析[J]. 北方论丛（6）：133-137.

伊利尔·沙里宁,1986.城市:它的发展、衰败和未来[M].顾启源,译.北京:中国建筑工业出版社.

张沛,张中华,孙海军,2014.城乡一体化研究的国际进展及典型国家发展经验[J].国际城市规划(1):42-49.

张晴,罗其友,刘李峰,2009.国外城乡统筹发展的做法与经验[J].中国农业资源与区划(2):76-80.

张同林,2019.日本乡村振兴实践对我国的启示[J].上海城市发展(5):35-40.

张薇,2014.韩国新村运动研究[D].长春:吉林大学.

张莹,2020.城乡融合发展的国际经验与启示[N].中国城乡金融报,2020-01-01(B03).

章寿荣,周春芳,2010.城乡一体化的国际经验[N].新华日报,2010-04-06(B07).

赵庆海,费利群,2007.国外乡村建设实践对我国的启示[J].城市问题(2):51-55.

CONLEY K L, WHITACRE B E, 2016. Does broad band matter for rural entrepreneurs and creative class employees [J]. The Review of Regional Studies, 46 (2): 171-190.

DOUGLASS M, 1998. A regional network strategy for reciprocal rural–urban linkages: An agenda for policy research with reference to Indonesia [J]. Third World Planning Review, 20 (1): 1-33.

LYNCH K, 2005. Rural-urban interaction in the developing world [M]. London: Routledge Press.

PRESTON D A, 1975. Rural-urban and inter-settlem ent interaction: Theory and analytical structure [J]. Area, 7 (3): 171-174.

第八章 测算方法与目标值设定

一、测算方法

1. 指标值测算方法

设定全面实现或基本实现农业农村现代化目标值作为中国式农业农村现代化综合评价指标体系的参照标准值以进行农业农村现代化价值评价,考量各评价指标与目标值的差距情况,衡量一个地区农业农村现代化的综合发展水平。具体为计算评价对象每项指标相对于目标值的"实现占比":"实现占比"值 = 指标年度值/全面(基本)实现农业农村现代化目标值×100,其中,"逆向指标"的"实现占比"亦逆向计算,即,"实现占比"值 = 全面(基本)实现农业农村现代化目标值/指标年度值×100。具体采用基本实现目标值还是全面实现目标值可视具体评价目标而定,采用全面实现目标值则计算结果表示该地区各项指标全面实现现代化的程度,采用基本实现目标值亦然。在具体评价实践过程中,为深入细化分析可根据分值进一步划分不同现代化实现阶段。如利用全面实现目标值计算可以将 0~60 分(不含 60 分)划分为发展起步阶段,60~75 分(不含 75 分)划分为转型跨越阶段,75~90 分(不含 90 分)划分为基本实现阶段,90 分及以上划分为全面实现阶段。如利用基本实现目标值计算可以将 0~60 分(不含 60 分)划分为发展起步阶段,60~75 分(不含 75 分)划分为转型跨越阶段、75~90 分(不含 90 分)划分为集中攻关阶段，90 分及以上划分为基本实现阶段。

2. 目标值设定方法

根据党的十九大和十九届五中全会精神，我国将在 21 世纪中叶建成社会主义现代化强国，到 2035 年基本实现社会主义现代化，人均国内生产总值达到中等发达国家水平，到 2050 年全面实现社会主义现代化，将我国建成富强民主文明和谐美丽的社会主义现代化强国。在农业农村领域，《乡村振兴战略规划（2018—2022 年）》也明确提出，我国将于 2035 年基本实现农业农村现代化，2050 年全面实现农业农村现代化。现代化是历史的、发展的概念，它并没有固定的模式或唯一的道路，任何一个国家的现代化道路都不尽相同，中国的现代化发展道路本质上是中国特色社会主义现代化道路。但同时欧美等发达国家的成功经验也值得我们借鉴，因此在设定全面实现农业农村现代化目标值时，国际性指标参考发达国家现状发展水平；全国性指标参考国内发达地区的现状发展水平或规划发展目标，参考全国相关战略规划发展目标，参考全国发展 2035 年和 2050 年的预测水平。同时基于现代化的动态性特征和我国社会主义现代化内涵的日益发展，基本实现和全面实现农业农村现代化的目标值需持续开展动态修正。

3. 综合水平测算方法

采用定性或定量方法确定指标权重，然后将各指标值加权加总计算一、二级指标得分和农业农村现代化综合得分。具体公式为现代化水平 = $\sum$（"实现占比"值×权重）$/N$，N 为累计指标项数。

二、指标解释、计算公式与目标值设定

在农业农村现代化评价指标体系中，每一个指标都有具体的内涵和计算公式，具体如下。另外以全国平均为标准对每一项指标的全国统一基本实现和全面实现农业农村现代化目标值进行设定，在不同地区应用时根据资源条件和社会经济条件的不同可适当调整部分指标目标值。

1. 农业现代化

(1) 粮食产量稳定度

指标内涵：粮食产量稳定度是指一个区域粮食产量的动态变化要符合国家粮食安全战略的总体要求，其变动幅度尤其是减少幅度将对国家粮食安全造成较大影响，考虑到不同区域社会经济条件及农业生产效率的差异，需要将变动幅度限定到合理范围之内，从而确保我国粮食产量长期稳定在 6 亿吨以上。

计算公式：粮食产量稳定度＝当年产量（万吨）/前五年产量平均（万吨）×100%。

目标值设定：该指标基准分为 60 分，上限为 100 分，最低分为 40 分。考虑到粮食安全的重要性，将该指标基本实现和全面实现目标值分别设定为 80 分和 100 分。

(2) 肉菜蛋奶稳定保障率

指标内涵：本指标以人均肉、人均蔬菜、人均禽蛋、人均奶的供给水平，乘以权重获得综合的保障水平与全国平均水平的比值。其中，人均肉权重为 0.45、人均蔬菜为 0.4、人均禽蛋为 0.1、人均奶为 0.05。

计算公式：人均肉菜蛋奶保障率＝区域肉类总产量/区域总人口/（全国人均肉）×45%+区域蔬菜总产量/区域总人口/（全国人均菜）×40%+区域禽蛋总产量/区域总人口/（全国人均禽蛋）×10%+区域牛奶总产量/区域总人口/（全国人均牛奶）×5%。

目标值设定：根据《中国农村统计年鉴》统计，2018 年全国人均肉、菜、禽蛋、牛奶产量分别为 60 千克、500 千克、22 千克、22 千克。各评价区域人均粮、肉、菜、禽蛋、牛奶产量分别与此标准做比值。综合考虑，该项指标基本实现现代化目标值设定为 95%，全面实现现代化目标值设定为 120%。

(3) 高标准农田占比

指标内涵：高标准农田是指土地平整、集中连片、设施完善、农电配套、土壤肥沃、生态良好、抗灾能力强，与现代农业生产和经营方式相适应的旱涝保收、高产稳产，划定为永久基本农田的耕地。高标准农田面积占比为耕地总数中高标准农田的比重。

计算公式：高标准农田占比＝高标准农田/耕地总面积×100%。

目标值设定：2018年我国已建成高标准农田约6.4亿亩，耕地面积20.23亿亩，比例为31.64%。《中共中央 国务院关于坚持农业农村优先发展做好"三农"工作的若干意见》明确要求，到2020年确保建成8亿亩高标准农田，占比为39.54%。综合考虑，该项指标基本实现现代化目标值和全面实现现代化目标值分别设定为50%和70%（约14亿亩）。

（4）化肥农药投入强度

指标内涵：是每公顷播种面积化肥施用量（化肥投入强度）和每公顷播种面积农药施用量（农药投入强）的复合值。

计算公式：化肥农药投入强度=每公顷化肥用量目标值（225千克/公顷）/每公顷化肥用量指标值×0.5×100%+每公顷农药用量目标值（6千克/公顷）/每公顷农药用量指标值×0.5×100%，超过100%则按照100%计算。

化肥投入强度目标值设定：2018年，我国化肥施用水平为348千克/公顷，比国际规定的每公顷农用化肥施用量225千克高出123千克。综合考虑，该项指标基本实现和全面实现现代化目标值设定为300千克/公顷和国际化肥基准线225千克/公顷。

农药投入强度目标值设定：根据联合国粮食及农业组织数据，我国耕地农药施用量2010年以来为每公顷13~14千克，西欧每公顷3~4千克，美国每公顷2.5千克；考虑到我国复种指数在1.5以上，自然和社会条件与西欧更加接近，西欧国家已经全面现代化。综合考虑各地种植情况，该项指标将基本实现和全面实现现代化目标值分别设定为8千克/公顷和6千克/公顷。

（5）每万公顷绿色优质农产品数量

指标内涵：指农业农村部组织开展的地理标志农产品登记数量和当年有效使用的绿色食品标志产品数量占耕地面积的比重，是反映农产品优质化的重要指标。

计算方法：每万公顷绿色优质农产品数量=（地理标志农产品登记数量+当年有效使用的绿色食品标志产品数量）/耕地面积。数据来源：农业农村部行业统计数据。

目标值设定：2018年每万公顷优质农产品数量全国平均为2.48个，其中上海最高，为28.57个，贵州最低，仅为0.44个。江西耕地面积大，根据江西省"十四五"农业农村现代化规划，到2025年发展目标为全域6 000个优质农产品数量，折合到每万公顷约22个，后期受环境因素制约，是一个动态优化的过程，数量增长将趋缓，因此该项指标基本实现和全面实现目标值分别设定为 24 个和 25 个。

(6-1) 农业科技进步贡献率（省级用该指标）

指标内涵：农业科技进步贡献率是农业总产值增长率中扣除新增投入量产生的总产值增长率之后的余额。

目标值设定（计算方法）：2018 年，我国农业科技进步贡献率为 58.3%，2021 年为 61%。通过分析各省水平并结合发达国家农业科技贡献率水平（80%以上），综合考虑，该项指标基本实现和全面实现农业现代化的目标值分别为 70% 和 75%。

(6-2) 每百户基层农技推广人员数（市县级用该指标）

指标内涵：指在乡镇及村级从事农业技术推广公益服务的技术人员为农户开展农业生产提供服务的覆盖水平。

计算公式：每百户基层农技推广人员数＝基层农技推广人员/（农户数量/100）。数据来源：农业农村部行业统计数据。

目标值设定：考虑到线上线下基层推广模式的应用，将该项指标江西省"十四五"（2025 年）规划目标设定为 0.65 人/百户，基本实现现代化目标值定为 0.75 人/百户，全面实现现代化目标值定为 1 人/百户。

(7) 主要农作物耕种收综合机械化率

指标内涵：指各种农作物机耕、机播（栽、插）、机收的综合作业水平。

计算公式：主要农作物耕种收综合机械化率＝机耕率×40%＋机播率×30%＋机收率×30%。其中，机耕率指机耕面积占各种农作物播种面积中应耕作面积的百分比，农作物播种面积中应耕作面积等于农作物播种面积减去免耕播种面积；机播（栽、插）率指机播（栽、插）面积占各种农作物播种总面积的百分比；机收率指机收面积占各种农作物收获总面积的百分比。

目标值设定：2018 年全国农作物耕种收综合机械化率超过 67%，2021 年超过 72%。日本目前农业生产机械化率已达 90% 以上，美国农业已完全实现机械化。综合考虑，该项指标基本实现和全面实现现代化目标值分别设定为 80% 和 90%。

(8) 家庭农场和合作社覆盖率实现度

指标内涵：家庭农场和合作社是农民为主体的新型经营主体，习近平总书记《在十九届中央政治局第八次集体学习时的讲话》（2018年9月21日）指出：要突出抓好农民合作社和家庭农场两类农业经营主体发展，赋予双层经营体制新的内涵，不断提高农业经营效率。

计算公式：家庭农场和合作社覆盖率=（家庭农场数量+合作社数量）/农户数量×100%。

目标值设定：我国农户户均耕地面积平均约0.5公顷（7.5亩），根据成本收益数据三种粮食家庭用工折价2018年每亩平均为383.7元，每亩净利润-85.59元，农民每亩可获得自我雇用收入300元；2018年全国城镇人均收入39 250.8元，按照每户4口计算，4口人家需要获得收入157 003.2元。家庭农场适度经营规模约为500亩播种面积，考虑到南北方耕地的差距以及规模化后的增值效益，专业型家庭农场需要占用60户的耕地面积，1/60是全部专业化家庭农场，全面实现现代化的美国50%的农场为兼业型和非经营型，全面实现现代化为0.83%（1/120）。根据《中华人民共和国农民专业合作社法》，专业合作社成员至少5个，且以农民为主体，农民专业合作社的成员中，农民至少应当占成员总数的80%。考虑到合作社服务的规模效益，有效益可持续发展的合作社应当至少有200户参与，由于农户可能参与2个合作社，将全面实现目标值定为2%。综合两方面考虑，将家庭农场和合作社覆盖率的基本实现和全面实现目标值分别设定为1%和1.5%。

（9）农业保险深度

指标内涵：该指标反映的是农业的保障水平，指农业政策性保费收入与农林牧渔业增加值之间的比例。

计算公式：农业保险深度=农业政策性保费收入/农林牧渔业增加值×100%。其中农林牧渔业增加值里不含服务业。

目标值设定：与国际上典型国家比较，我国农业保险总体保障水平是美国的1/5，加拿大的1/3和日本的1/2。财政部印发的《关于加快农业保险高质量发展的指导意见》提出，到2022年，农业保险深度达到1%。综合考虑，该项指标基本实现和全面实现现代化目标值分别设定为0.8%和1.2%。

（10）农林牧渔服务业增加值占农林牧渔业增加值的比重

指标内涵：指农林牧渔服务业增加值与农林牧渔业增加值的比值，是反映农业社会化服务水平的重要指标。

计算公式：农林牧渔服务业增加值占农林牧渔业增加值的比重=农林牧渔服务业增加值/农林牧渔业增加值×100%。农林牧渔服务业增加值=农林牧渔业增加值-农业增加值-林业增加值-渔业增加值-牧业增加值。

目标值设定：2018年，全国农林牧渔服务业增加值占全国农林牧渔业增加值比重为4.15%。目前，美国农业生产性服务业增加值占农业GDP的比重已达到12.7%，综合考虑，该项指标基本实现和全面实现现代化目标值分别设定为6%和8%。

(11) 农产品加工业与农业总产值比

指标内涵：指农产品加工业总产值与农业总产值的比值，是反映农业加工水平的国际通用指标。

计算公式：农产品加工业与农业总产值比=农产品加工业总产值/农业总产值。农产品加工业的统计范围以国民经济行业分类中年主营业务收入2 000万元及以上的农副食品加工业，食品制造业，酒、饮料和精制茶制造业，烟草制品业，纺织业，皮革、毛皮、羽毛及其制品和制鞋业，木材加工和木、竹、藤、棕、草制品业，家具制造业，造纸和纸制品业，橡胶和塑料制品业，医药制造业11个大类行业为基础，扣除部分中类和小类行业，农产品加工业统计范围是国民经济行业分类（GB/T 4754—2017）中的稻谷加工等111个小类。

目标值设定：2021年，全国农产品加工业与农业总产值比达到2.5∶1，已超过发达国家该指标值的下限，但与农产品加工业水平较高的国家相比，仍存在明显差距。考虑到农产品加工业发达国家的农产品加工业总产值已经达到农业总产值的4倍，江苏和山东的部分示范区2014年该比值也已达4以上。综合考虑，该项指标基本实现现代化和全面实现农业现代化目标值分别设为3.5和4.5。

(12) 劳均休闲农业接待人次

指标内涵：指平均每个农业劳动力接待的休闲农业和乡村旅游人次，反映当地休闲农业和乡村旅游发展现状。

计算公式：劳均接待休闲农业接待人次=休闲农业和乡村旅游接待人次/全年第一产业就业人员数。

目标值设定：自2016年以来，全国休闲农业和乡村旅游发展态势良好，共接待游客近 21 亿人次，营业收入超过 5 700 亿元，从业人员达 845 万人。2018 年全国休闲农业和乡村旅游接待超 30 亿人次，劳均休闲农业接待人次为 14 人次。综合考虑，基本实现现代化目标值设定为 50 人次，全面实现现代化目标设定为 60 人次。

（13）农业信息化率

指标内涵：综合运用农村互联网普及率、农业物联网等信息技术应用比例、农产品网上零售额占农业总产值比重、信息进村入户村级信息服务站覆盖率四个指标衡量，数据来源为行业统计。在试测算阶段，暂时选取农村互联网普及率和信息进村入户村级信息服务站代表信息化发展水平。

计算公式：农业信息化率 =（农村宽带接入用户/农户×0.8 + 益农信息社站点数/建制村数×0.2）×100%。

目标值设定：2018 年，全国固定宽带农村家庭普及率为 42.97%。根据《"宽带中国"战略及实施方案》目标规划，到 2020 年，宽带网络全面覆盖城乡，固定宽带家庭普及率达到 70%。综合考虑，该项指标基本实现和全面实现现代化的目标值分别设定为 75% 和 95%。

（14）农产品电子商务销售额占农业生产总值比重

指标内涵：指农产品通过电子商务交易额与农业生产总值的比例。

计算公式：农产品电子商务销售额占农业生产总值比重 = 农产品电子商务交易额/农业生产总值×100%。

目标值设定：国家统计局数据显示，2022 年上半年我国农产品网络销售额达到了 2 506.7 亿元，占农业生产总产值的比重为 4.7%。从我国发达地区来看，2020 年广东省县域农产品网络零售额超 750.6 亿元，居全国首位，占农业生产总值的 9.5%。综合考虑，该指标基本实现现代化的目标值设定为 10%、全面实现现代化的目标值设定为 15%。

（15）农业土地产出率

指标内涵：指第一产业产值与耕地总面积比值，体现农业生产的综合效率。

计算公式：农业土地产出率 = 第一产业产值/耕地总面积。

目标值设定：我国 2018 年每公顷耕地的农林牧渔业增加值为 6.36 万元。2010 年韩国的土地产出值为每公顷 20 520 美元（约 137 484 元）。综合考虑，该项指标基本实现和全面实现现代化目标值分别为 6 万元/公顷和 8 万元/公顷。

(16) 农业劳动生产率

指标内涵：指平均每个农业劳动力创造的第一产业增加值，是反映农业劳动生产效率的重要指标。

计算公式：农业劳动生产率＝第一产业增加值/第一产业就业人员数。

目标值设定：2016 年，日本农业劳动生产率为 3.03 万美元，美国为 4.51 万美元，我国为 0.42 万美元。根据《全国农业现代化规划》，2020 年全国农业劳动生产率大于 4.7 万元。综合考虑，该项指标基本实现和全面实现现代化目标值分别设定为 5 万元/人和 6.5 万元/人。

2. 农村现代化

(1) 自然村通硬化路比例

指标内涵：自然村通硬化路是指自然村村委会或学校有与邻近的任一国省道或县乡道等路线便捷相衔接的硬化路。一般要求 30 户以上较大规模的自然村（组）通硬化路。

计算公式：自然村通硬化路比例＝通硬化路自然村庄数/本行政区内自然村庄总数×100%。

目标值设定：根据《全国"十四五"现代综合交通运输体系发展规划》，到 2025 年推动较大人口规模自然村（组）通硬化路比例超过 85%。考虑到未来规模非常小的自然村会逐渐随拆迁撤并和自然消亡而越来越少，综合考虑，该项指标基本实现现代化目标值设定为 90%，全面实现现代化目标值设定为 100%。

(2) 农村自来水普及率

指标内涵：使用自来水的建制村总数占所有建制村总数的百分比，反映农村生活文明状况。

计算公式：农村自来水普及率＝通自来水建制村数/本行政区内建制村总数×100%。

目标值设定：水利部、住房和城乡建设部等十部门印发《强化农村防汛抗旱和供水保障专项推进方案》，提出到 2025 年，乡村水旱灾害防御能力明显增强，农村供水保障水平进一步提升，全国农村自来水普及率达到88%。考虑我国一些省份地区的地形地貌以山地丘陵为主，偏远地区的老百姓只能通过引山泉水、压水井、水井供水。通过综合考虑，该项指标基本实现现代化目标值为90%，全面实现现代化目标值设定为95%。

（3）乡村快递服务覆盖率

指标内涵：指通过驻村设点、共同投递、第三方代收、用户自提等形式能发送和接受快递村庄所占的比例。

计算公式：乡村快递服务覆盖率=能发送和接受快递自然村数量/本行政区内自然村总数×100%。

目标值设定：2019年我国农村快递网点覆盖率达95.22%，物流网点体系建设取得新成效。综合考虑，确定该指标基本实现现代化、全面实现现代化的目标值均为100%。

（4）美丽宜居村占比

指标内涵：按照规划设计优秀、环境整治优美、建设管护优良、景观打造优质、发展优势产业的"五优"目标进行整治建设，达到美丽宜居标准的自然村。

计算公式：美丽宜居村庄占比=农村美丽宜居村庄数/本行政区内农村自然村总数×100%。

目标值设定：农业农村部《农村人居环境整治提升五年行动方案（2021—2025年）（初稿）》提出"到2025年，全国20%左右的村庄达到生态宜居美丽乡村建设水平"，年均增长2个百分点左右。伴随经济发展和城市化进程，美丽宜居村庄建设速度会逐渐加快、自然村总数会逐渐减少，美丽宜居村庄占比增速将加快。综合考虑，该项指标基本实现现代化目标值为50%，全面实现现代化目标值设定为100%。

（5）农村生活污水治理率

指标内涵：指本行政区域内有污水处理设施进行生活污水集中处理，或者虽然没有污水处理设施，但是对生活污水进行了净化处理的建制村数量占全部建制村数量的百分比。

计算公式：生活污水得到有效处理的村占比=生活污水得到有效处理的建制村数/本行政区内建制村总数×100%。

目标值设定：2019年住房和城乡建设部发布的《农村生活污水处理工程技术标准》全面、系统地对设计水量和水质、污水收集系统、污水处理、配套设施、施工和验收、运行和维护等内容进行了规定，提出全国治理目标：到2020年，新增完成环境综合整治的建制村13万个，经过整治的村庄生活污水处理率≥60%。目前上海市农村生活污水处理设施覆盖率达到84%，并要求确保到2022年农村生活污水处理率达到95%以上。浙江省已经实现农村污水处理设施建设规划保留建制村基本全覆盖、运行维护全覆盖。综合考虑，该项指标基本实现现代化目标值设定为81%，全面实现现代化目标值设定为90%。

(6) 农村生活垃圾收运处置体系覆盖率

指标内涵：农村生活垃圾收运处置体系是指从村庄垃圾收集房（点、站）将生活垃圾收集、中转运输、最终处置所配置的设施、车辆、运行服务队伍和建立的管理制度。本指标指建成农村生活垃圾收运处置体系的建制村总数占所有建制村总数的百分比。

计算公式：农村生活垃圾收运处置体系覆盖率＝农村已经覆盖生活垃圾收运处置体系的建制村数/本行政区内建制村总数×100%。

目标值设定：《乡村振兴战略规划（2018—2022年）》提出，推广农村生活垃圾分类和资源化利用百县示范经验，基本覆盖所有具备条件的县（市）。2020年，全国90%以上的建制村均覆盖了农村生活垃圾收运处置体系。综合考虑，该项指标基本实现现代化目标值为100%，全面实现现代化目标值设定为100%。

(7) 农村无害化卫生户厕普及率

指标内涵：无害化卫生户厕指有墙、有顶、有门，内有标准便器，清洁、无蝇蛆，基本无臭味的厕所。本指标指完成无害化卫生户厕改造的建制村总数占所有建制村总数的百分比。

计算公式：农村无害化卫生户厕普及率＝完成无害化卫生户厕改造的建制村数/本行政区内建制村总数×100%。

目标值设定：《乡村振兴战略规划（2018—2022年）》提出，到2022年，全国农村卫生厕所普及率应达到85%以上。2019年，江苏省农村无害化卫生户厕普及率达到95%，浙江省农村无害化卫生户厕普及率基本达到99%。综合考虑，该项指标基本实现现代化目标值为98%，全面实现现代化目标值设定为 100%。

（8）村党组书记兼任村民委员会主任的村占比

指标内涵：中共中央、国务院发布《关于建立健全城乡融合发展体制机制和政策体系的意见》关于健全乡村治理机制中提到：全面推行村党组织书记通过法定程序担任村委会主任。本指标指村党组书记兼任村主任两职务一肩挑的建制村总数占所有建制村总数的百分比。

计算公式：党组织书记兼任村民委员会主任的村占比=村党组书记兼任村主任的村/本行政区内建制村总数×100%。

目标值设定：《乡村振兴战略规划（2018—2022年）》提出，到2022年，村党组织书记兼任村委员会主任的村占比应达50%。实际上，五年来我国农村基层党组织战斗堡垒作用进一步加强，村党组织书记兼任村委会主任比例达到了95.6%。综合考虑，该项指标基本实现和全面实现现代化目标值均设定为100%。

（9）执行"四议两公开"制度的建制村比率

指标内涵："四议两公开"指农村所有村级重大事项都必须在村党组织领导下，按照"四议""两公开"的程序决策实施，"四议"：党支部会提议、"两委"会商议、党员大会审议、村民代表会议或村民会议决议；"两公开"：决议公开、实施结果公开。本指标指执行"四议两公开"的建制村数占所有建制村总数的百分比。

计算公式：执行"四议两公开"制度的建制村比率=执行"四议两公开"的建制村数/本行政区内建制村总数×100%。

目标值设定：2019年，中共中央办公厅、国务院办公厅印发《关于加强和改进乡村治理的指导意见》指出，应健全村级重要事项、重大问题由村党组织研究讨论机制，全面落实"四议两公开"。综合考虑，该项指标基本实现及全面实现现代化目标值分别设定为70%和80%。

（10）村庄规划管理覆盖率

指标内涵：村庄规划是指根据村庄的实际情况，编制解决基本问题、体现农村特色、易于实施、科学规划。村庄规划管理覆盖率是指镇村布局规划+实用性村庄规划覆盖的村数量与区域内建制村总数之比。

计算公式：村庄规划管理覆盖率=实用性规划覆盖建制村数/本行政区内

建制村总数×100%。

目标值设定：《乡村振兴战略规划（2018—2022年）》提出，到2022年村庄规划管理覆盖率的目标值是90%。2019年1月中央农办、农业农村部、自然资源部、国家发展改革委、财政部联合发布《关于统筹推进村庄规划工作的意见》，提出到2020年年底，结合国土空间规划编制在县域层面基本完成村庄布局工作，有条件的村可结合实际单独编制村庄规划，做到应编尽编，实现村庄建设发展有目标、重要建设项目有安排、生态环境有管控、自然景观和文化遗产有保护、农村人居环境改善有措施。综合考虑，该指标基本实现现代化和全面实现现代化目标值设定为100%。

（11）村集体经济强村占比

指标内涵：村集体可支配收入指集体资产经营净收益和公共财政补贴收入的总和，是集体经济可以自主支配的收入。本指标指年经营性收入超过10万元的建制村占本行政区内建制村总数的百分比。

计算公式：村集体经济强村占比＝村集体年经营性收入10万元以上的建制村数/本行政区内建制村总数×100%。

目标值设定：根据《中国农村经营管理统计年报》计算，2018年，全国农村集体经营收入达到10万元以上的村占比达21.2%。占比较高的省（市）有广东86.26%、江苏82.63%、上海82.29%。综合考虑，该项指标基本实现现代化目标值为75%，全面实现现代化目标值设定为85%。

（12）基层综合性文化服务中心覆盖率

指标内涵：基层综合性文化服务中心指集宣传文化、党员教育、科学普及、普法教育、体育健身等功能于一体，资源充足、设备齐全、服务规范、保障有力、群众满意度高的基层综合性公共文化设施和场所。本指标为建有基层综合性文化服务中心的建制村占全县建制村总数百分比。

计算公式：基层综合性文化服务中心覆盖率＝建有基层综合性文化服务中心的建制村数/本行政区内建制村总数×100%。

目标值设定：2021年，全国村级综合性文化服务中心覆盖率达到96%。《乡村振兴战略规划（2018—2022年）》提出，到2022年，村综合性文化服务中心覆盖率应达到98%以上。并提出健全公共文化服务体系，应加强基层综合性文化服务中心建设，实现乡村两级公共文化服务全覆盖。综合考虑，该项指标基本实现和全面实现现代化目标值均设定为100%。

（13）县级以上文明村占比

指标内涵：本指标为获得县级以上文明村称号的建制村占区域建制村总数的百分比。

计算公式：县级以上文明村占比=获得县级以上文明村称号的建制村数/本行政区内建制村总数×100%。

目标值设定：近年来，我国农村思想道德建设得到加强，文明乡风、良好家风、淳朴民风广泛培育，邻里守望、诚信重礼、勤俭节约的文明乡村不断涌现。2021年，全国县级以上文明村占比超过了65%。综合考虑，该项指标基本实现现代化目标值为85%，全面实现现代化目标值设定为100%。

3. 农民现代化

（1）初中及以上学历农村劳动力占比

指标内涵：初中及以上学历农村劳动力占比，体现农村劳动力的受教育水平。

计算公式：初中及以上学历农村劳动力占比=初中及以上学历农村劳动力/农村劳动力（农村人口中17岁及以上人口数）×100%。

目标值设定：美国高中毕业或专科教育程度的农民占68%、大学毕业或以上程度的占25%。当前我国农村义务教育已经实现了"全覆盖"，另根据国家统计局2019年农民工监测调查报告，我国农民工未上过学的占1%、小学文化程度占15.3%、初中文化程度占56%、高中文化程度占16.6%、大专及以上占11.1%。综合考虑，该项指标基本实现现代化的目标值为79，全面实现现代化目标值设定为100%。

（2）职业农民占农村劳动力比例

指标内涵：指乡村中获得新型职业农民证书的人数与农业总人口的比例。

计算公式：职业农民占农村劳动力比例=职业农民数/农业总人口×100%。

目标值设定：根据2018年《全国新型职业农民发展报告》，全国新型职业农民占农民总数不足5%；2017年全国新型职业农民总量已突破1 500万人，占第三次全国农业普查农业生产经营人员总量的4.78%。综合考虑，该项指标目标值设定为基本实现现代化目标值10%，全面实现现代化目标值15%。

(3) 农村居民人均可支配收入

指标内涵：按人口平均的农村居民家庭可支配收入，即农村住户当年从各个来源得到的总收入相应地扣除所发生的费用后的收入总和。按照收入的来源，分别为工资性收入、经营性净收入、财产性净收入和转移性净收入。

计算公式：农村居民人均可支配收入=农村居民可支配收入/农村人口。

目标值设定：2019 年，我国农村居民人均可支配收入为 16 021 元，江西省农村居民人均可支配收入为 15 796 元，北京市农村居民人均可支配收入为 28 928 元，上海市农村居民人均可支配收入为 33 195 元。考虑到全国近 5 年农村居民人均可支配收入年均增长 9.2%，以及通货膨胀因素的影响，该项指标基本实现现代化的目标值为 6 万元，全面实现现代化目标值设为 10 万元。

(4) 农村居民恩格尔系数

指标内涵：指农村居民食品支出总额占农村居民个人消费支出总额的比重。

计算公式：农村居民恩格尔系数=农村居民人均食品消费支出/农村居民人均消费总支出。

目标值设定：根据联合国粮食及农业组织提出的标准，恩格尔系数为 30%~40% 表示相对富裕、20%~30% 表示富裕。我国 2016 年农村居民恩格尔系数为 32.2%，2017 年农村居民恩格尔系数为 31.2%，《乡村振兴战略规划（2018—2022 年）》提出 2020 年、2022 年农村居民恩格尔系数的目标值分别是 30.2%、29.2%。综合考虑，该项指标基本实现现代化目标值设为 30%，全面实现现代化目标值设为 23%。

(5) 农村居民每百户年末家庭汽车拥有量

指标内涵：指农村每百户所拥有的家用汽车数量，反映农村家庭交通工具的现代化程度。

计算公式：农村居民每百户年末家用汽车拥有量=当地农村拥有的家用汽车数量/（当地农村居民户数/100）×100%。

目标值设定：目前，美国平均每百户家庭拥有汽车的数量为 190 辆。2017 年，我国农村居民每百户年末家用汽车拥有量为 19.3 辆。按照 2013—2017 年农村居民每百户年末家用汽车拥有量平均增长率 18.4% 测算，到 2020 年农村每百户所拥有的家用汽车数量达到 32.1 辆。综合考虑，该项指标基本实现现代化的目标为 50 辆，全面实现现代化目标值为 70 辆。

（6）农村居民人均教育文化娱乐支出占比

指标内涵：农村居民人均教育文化娱乐支出占农村居民人均消费总支出百分比。

计算公式：农村居民人均教育文化娱乐支出占比＝农村居民人均教育文化娱乐支出/农村居民人均消费总支出×100%。

目标值设定：《乡村振兴战略规划（2018—2022 年）》提出，到 2020 年该目标值是 12.6%、2022 年该目标值是 13.6%。根据《中国农村统计年鉴》计算，2018 年，东部发达地区上海、江苏和浙江等地区农村居民人均教育文化娱乐支出占比分别为 5.9%、9.3% 和 9.6%，其城市居民人均教育文化娱乐支出占比分别为 11.9%、14.8% 和 10.6%，可以发现东部沿海发达地区该目标值不会持续提高。综合考虑，该项指标基本实现现代化的目标值为 12%，全面实现现代化目标值设定为 14%。

（7）农村人口平均预期寿命

指标内涵：指同一时期出生的人预期能继续生存的平均年数。

计算公式：来自统计数据。

目标值设定：人均期望寿命是联合国人类发展指数三大核心指标之一，反映了一个国家或区域的整体健康水平。2015 年，我国人均预期寿命达 76.3 岁。国务院关于印发《国家人口发展规划（2016—2030 年）》的通知中指出，到 2020 年人均预期寿命为 77.3 岁，到 2030 年人均预期寿命为 79 岁。综合考虑，该指标基本实现现代化的目标值为 79 岁，全面实现现代化目标值设定为 80 岁。

4. 城乡融合

（1）城镇化水平

指标内涵：指城镇人口占总人口的比例，主要用于反映人口向城市聚集的过程和聚集程度。

计算公式：城镇化水平＝城镇人口/总人口×100%（按常住人口计算）。

目标值设定：城镇化率在 30%~70% 时，城镇化是一个快速推进的时期，在 30%~50% 时是一个加速推进的时期，50% 是一个转折点，50%~70% 是一个减速推进的时期。2019年中国的城镇化率是60.06%，正处于减速推进的过程。未来，城镇化的速度会越来越慢。1996—2012年，我国城镇化年均推进速度是1.39个百分点。估计在2013—2030年，我国城镇化的年平均增长速度会是0.8~1.0个百分点；到2030—2050年，速度为0.6~0.8个百分点。估计到2050年，中国的城镇化率可能会超过80%。城镇化率不是越高越好，城镇化率会有一个天花板和饱和度，预测中国的城镇化率饱和度为85%左右。综合考虑，该项指标基本实现现代化目标值为70%，全面实现现代化目标值设定为85%。

（2）返乡创业人员占农村人口比例

指标内涵：返乡创业人员指返乡创业的农民工、大学生和退役士兵等人员。《国务院办公厅关于支持农民工等人员返乡创业的意见》提出，支持农民工、大学生和退役士兵等人员返乡创业，通过大众创业、万众创新使广袤乡镇百业兴旺，可以促就业、增收入，打开新型工业化和农业现代化、城镇化和新农村建设协同发展新局面。

计算公式：返乡创业人员占农村人口比例＝返乡创业人员数/农村人口×100%。

目标值设定：2019年，中国各类返乡入乡创业创新人员超850万人，返乡创业人员占农村人口比例约0.81%。2020年，国家发展改革委等19部门联合印发《关于推动返乡入乡创业高质量发展的意见》，明确提出到2025年，全国各类返乡入乡创业人员达到1500万人以上，返乡创业人员占农村人口比例约1.4%左右。综合考虑，该项指标基本实现现代化目标值为2%，全面实现现代化目标值设定为3%。

（3）涉农贷款增长额占贷款增长总额比重

指标内涵：指涉农贷款增长额与贷款增长总额的比值。

计算公式：涉农贷款增长额占贷款增长总额比重＝涉农贷款增长额/贷款增长总额×100%。

目标值设定：根据中国人民银行发布2022年二季度金融机构贷款投向统计报告显示，截至2022年二季度末，我国农村（县及县以下）贷款余额39.27万亿元，其中农业贷款余额占比为11.7%。发达地区，如江苏省苏州市2019年涉农贷款增长额占贷款增长总额比重约为19%。随着农民合作社等新型经营主体逐步成为农业发展的主力军，农业信贷需求不断增加，按照金融资本配置应与现代产业建设需求相匹配的原则，基于强农惠农的政策导向，综合考虑，确定该指标基本实现现代化目标值为20%，全面实现的目标值为25%。

（4）新增建设用地指标用于乡村比例

指标内涵：指一个地区当年新增建设用地指标中用于乡村产业发展用地的比例。

计算公式：新增建设用地指标用于乡村比例＝行政区内新增建设用地面积/行政区内新增乡村产业建设用地面积×100%。

目标值设定：2019年，国务院印发《关于促进乡村产业振兴的指导意见》提出，鼓励各地探索针对乡村产业的省市县联动"点供"用地，支持乡村休闲旅游和产业融合发展。2020年中央一号文件提出，省级制定土地利用年度计划时，应安排至少5%新增建设用地指标保障重点乡村重点产业和项目用地，新编县乡级国土空间规划应安排不少于10%的建设用地指标，重点保障乡村产业发展用地。国家发展改革委介绍《乡村振兴战略规划（2018—2022年）》实施进展情况中强调明确每年安排不少于5%的新增建设用地指标用于乡村产业发展。但同时也要保证城市的建设发展，因此该指标不是越大越好，适度为佳。综合考虑，该项指标基本实现现代化目标值设定为5%，全面实现目标值设定为10%。

（5）农村居民最低生活保障标准与城市比值

指标内涵：指农村居民最低生活保障标准与城市职工最低生活保障标准的比值。

计算公式：农村居民最低生活保障标准与城市比值＝农村居民最低生活保障标准/城市职工最低生活保障标准。

目标值设定：全国各省、自治区、直辖市农村居民最低生活保障标准与城市比值不同，东部地区比如浙江省城乡该标准已经统一，比值为1，中部地区如江西省2021年的比值为0.67，西部地区如青海省2021年的比值为0.64。综合考虑，该指标基本实现现代化、全面实现现代化的目标值均设定为1。

（6）城乡居民基本医疗保险参保率

指标内涵：2016年1月《国务院关于整合城乡居民基本医疗保险制度的意见》提出整合城镇居民基本医疗保险和新型农村合作医疗两项制度，建立统一的城乡居民基本医疗保险制度。规定各地要统筹考虑城乡居民医保与大病保险保障需求,按照基金收支平衡的原则,合理确定城乡统一的筹资标准。城乡居民基本医疗保险参保率反映了一个地区的城乡居民医疗保障覆盖面。

计算公式:城乡居民基本医疗保险参保率=城乡居民基本医疗保险参保人数/应保人数×100%。

目标值设定:中国社会保障学会与社会科学文献出版社共同发布了《医疗保障蓝皮书:中国医疗保障发展报告(2020)》指出,截至2019年年底,全国全口径基本医疗保险参保人数135 436万人,参保率达到约97%。2020年2月发布的《中共中央 国务院关于深化医疗保障制度改革的意见》,提出坚持应保尽保、保障基本,基本医疗保障依法覆盖全民,尽力而为、量力而行,实事求是确定保障范围和标准。综合考虑,该项指标基本实现现代化目标值设定为98%,全面实现现代化目标值设定为100%。

(7)农村义务教育学校专任教师本科以上学历比例

指标内涵:指农村义务教育学校专任教师中拥有本科以上学历专任教师的比例。

计算公式:农村义务教育学校专任教师本科以上学历比例=拥有本科以上学历的农村义务教育学校专任教师数/农村义务教育学校专任教师总数×100%。

目标值设定:《"十四五"推进农业农村现代化规划》提出,到2025年,乡村义务教育学校专任教师本科以上学历比例从2020年的60.4%提升到62%。综合考虑,该项指标基本实现现代化目标值设定为70%,全面实现现代化目标值设定为80%。

(8)城乡千人执业(助理)医师数

指标内涵:千人执业(助理)医师数是反映一个国家、地区卫生服务水平的重要标志。本指标是指县域范围内(不包括县城以上城市)城乡每千人中执业医师和助理医师的数量,反映县域城乡医疗卫生服务水平。

计算公式:城乡千人执业(助理)医师数=本行政区城乡执业(助理)医师数量/本行政区人口总数(按千人计)。

目标值设定:根据国家卫生健康委员会最新数据,2015年、2016年、2017年、2018年、2019年全国每千人口执业(助理)医师数分别为2.21人、2.31人、2.44人、2.59人、2.77人,线性回归可得方程 $y = 0.14x + 2.044$,

$R^2=0.9883$人,根据方程预测到2050年全国每千人口执业(助理)医师数为7.08人。根据《中国卫生健康统计年鉴2019》,2018年北京、上海和江苏每千人口执业(助理)医师分别有4.63人、2.95人和2.90人。《"健康中国2030"规划纲要》提出,到2030年每千常住人口执业(助理)医师3人。综合考虑,该项指标基本实现现代化目标值设定为3.5人/千人,全面实现现代化目标值设定为5人/千人。

(9)养老服务设施覆盖率

指标内涵:农村养老是农村主要痛点难点问题之一,养老服务设施覆盖率指本行政区内所有建制村中拥有养老服务中心的建制村的比例。

计算公式:养老服务设施覆盖率=拥有养老(互助)服务中心的建制村数/建制村总数×100%。

目标值设定:该指标是反映农村城乡融合程度、农村居民生活水平和农村养老水平的综合指标。2019年,中部地区江西省该指标为40.9%,东部地区苏州市该指标已达到70%,北京等发达地区均在推进农村养老服务设施全覆盖。综合考虑,该项指标基本实现现代化目标值设定为95%,全面实现现代化目标值设定为100%。

(10)城镇与农村居民人均可支配收入比

指标内涵:城镇被调查户与农村被调查户可以用来自由支配的人均收入的比值,指标主要反映城市与农村在经济发展过程中城市居民与农村居民收入的均衡性。可支配收入是将被调查户家庭的总收入,扣除个人所得税、个人交纳的社会保障支出,再除以居民家庭的常住人口,得出该数据。人均可支配收入=(家庭总收入-交纳的所得税-个人交纳的社会保障支出-记账补贴)/家庭人口。

计算公式:城镇与农村居民人均可支配收入比=城镇居民可支配收入/农村居民可支配收入。

目标值设定:根据中华人民共和国国家统计局印发的《国民经济和社会发展统计公报》可以得出,2019年城镇居民人均可支配收入42 359元,农村居民人均可支配收入16 021元,城镇与农村居民人均可支配收入比为2.64,通过查询历年数据可得,2018年、2017年、2016年、2015年我国城镇居民人均可支配收入分别为39 251元、36 396元、33 616元、31 195元,农村居民人均可支配收入分别为 14 617 元、13 422 元、12 363 元、11 422 元，城镇与农村居民人均可支配收入比分别为 2.69、2.71、2.72、2.73，城乡居民收入差距逐步缩小。我国在《乡村振兴战略规划（2018—2022 年）》中将 2022 年目标值设定为 2，将 2035 年目标值设定为 1.80，综合考虑，该项指标基本实现现代化目标值为 1.67，全面实现现代化目标值设定为 1.33。

(11) 城镇与农村居民人均消费支出比

指标内涵：城镇被调查户的消费支出与农村被调查户人均消费支出比值，指标主要反映城市与农村在经济发展过程中城市居民与农村居民消费能力的均衡性。居民人均消费支出是指居民家庭人均用于日常生活的全部支出，包括购买实物支出和各种服务性支出。消费支出按商品或服务的用途可以分成食品、烟酒及用品、衣着、家庭设备用品及服务、医疗保健及个人用品、交通和通信、娱乐教育文化服务、居住八大类，不包括罚没、丢失款和缴纳的各种税款。

计算公式：城镇与农村居民人均消费支出比＝城镇居民人均消费支出/农村居民人均消费支出。

目标值设定：根据国家统计局印发的《国民经济和社会发展统计公报》可以得出，2019 年，城镇居民人均消费支出 28 063 元，农村居民人均消费支出 13 328 元，城镇与农村居民人均消费支出比为 2.11，通过查询历年数据可得，2018 年、2017 年、2016 年、2015 年我国城镇居民人均消费支出分别为 26 112 元、24 445 元、23 079 元、21 392 元，农村居民人均消费支出分别为 12 124 元、10 955 元、10 130 元、9 223 元，城镇与农村居民人均消费支出比分别为 2.15、2.23、2.28、2.32，城乡居民人均消费差距逐步缩小。综合考虑，该项指标基本实现现代化目标值为 1.54，全面实现现代化目标值设定为 1.33。

实践篇

第九章　农业农村现代化以评促建作用路径

要发挥农业农村现代化监测评价的"晴雨表""风向标"作用,需要在各地区、各层级开展符合区域资源条件和发展阶段的农业农村现代化评价实践,进而提出促进地区农业农村现代化的发展建议。

一、农业农村现代化以评促建作用路径

评价的作用主要在于剖析内涵、发现问题、找出差距、分解任务、明确方向,实现以评促建、以评促改。具体来说,中国式农业农村现代化评价实践的作用路径如图9-1所示,是一个从农业农村现代化理论剖析到监测评价,到勾画时间表和路线图到动态监测和周期修订,再到下一个阶段的理论内涵剖析的一个长期过程。

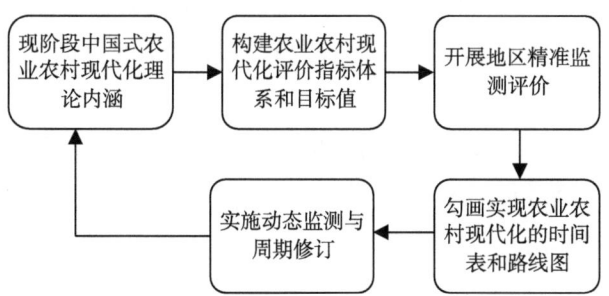

图9-1　农业农村现代化以评促建作用路径示意

农业农村现代化评价实践整体上可形象地归纳为一个"木桶模型"（图9-2）。

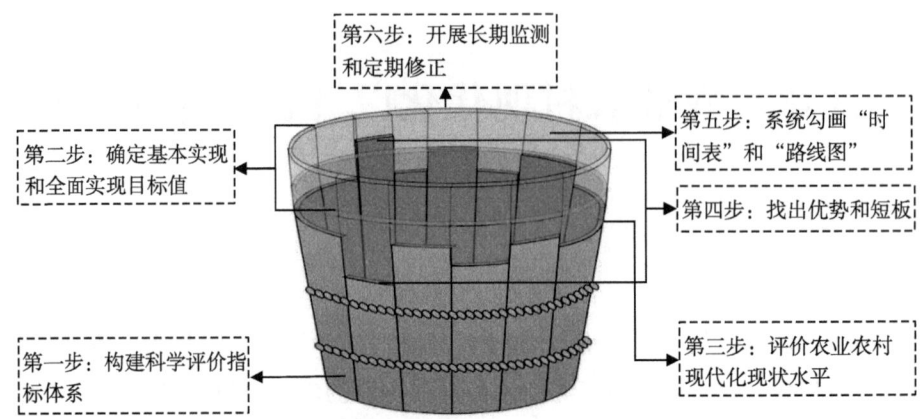

图9-2　农业农村现代以评促建"木桶模型"

第一步：基于农业农村现代化评价理论体系构建科学的评价指标体系，形成木桶的"型"。

第二步：参考发达国家水平和中国特色高度，确定我国基本实现和全面实现农业农村现代化的目标值，形成木桶的"顶"。

第三步：通过农业农村现代化评价指标体系综合计算判断出评价对象的农业农村现代化现状发展水平。

第四步：从各分项指标评价中找出农业农村现代化发展过程中的短板和优势。

第五步：通过与区域农业农村发展战略研究或规划相结合，基于系统论原理，系统勾画基本实现和全面实现农业农村现代化的"时间表"和"路线图"。

第六步：开展长期监测并定期对指标体系进行动态修正，通过"以评促建、以评促改"路径最终推动评价对象基本实现农业农村现代化，继而全面实现农业农村现代化。

二、农业农村现代化评价指标体系应用方法

理论篇中构建的农业现代化、农村现代化、农民现代化和城乡融合四大领域及一、二级评价指标体系体现了我国农业农村现代化建设的整体理论框架，在开展各地区农业农村现代化评价过程中可统一应用，三级指标为具体监测指标，我国幅员辽阔，不同区域资源条件、社会经济条件等均有所不同，可适当设置适宜性特色指标开展农业农村现代化评价。

三、动态监测与周期修订

农业农村现代化是一个长期的过程，科学把脉，精准施策，迫切需要创新第三方监测评价长效机制。可通过搭建农业农村现代化监评与管理可视化平台，完成"监评一张图"，实现数据填报、汇总、编辑和管理的自动化、实时化和展示的动态化、立体化，监测评价的多样化、精确化。同时农业农村现代化是一个动态变化的概念，没有绝对的标准和状态，更多的是一种相对的变化，农业农村现代化评价指标体系应具有动态性，目标值也应具有动态性。因此在农业农村现代化评价实践过程中要开展周期性指标体系与目标值修订，方能与时俱进，切实推进我国农业农村现代化。

笔者所在课题组在构建农业农村现代化监测与评价平台上做了尝试，搭建了全国农业农村现代化监测评价平台，利用构建的农业农村评价指标体系结构化评价对象主体，引入"木桶模型"可视化展示评价结果，为未来大数据应用做好基础。平台依托于网络安全技术及通信标准，包含平台云端建设、微信公众号对接及平台数据接口。云平台为建设核心，包含展示交互层、业务管理层及数据层，具体框架如图9-3所示。

平台主要包括四大功能。一是基础业务层权限及日志功能，保证业务安全及业务操作可追溯。二是平台提供指标及权重体系管理功能。支持多级指标及多级行政层级管理体系。评价指标体系可对应多个版本。当出现指标体系更新

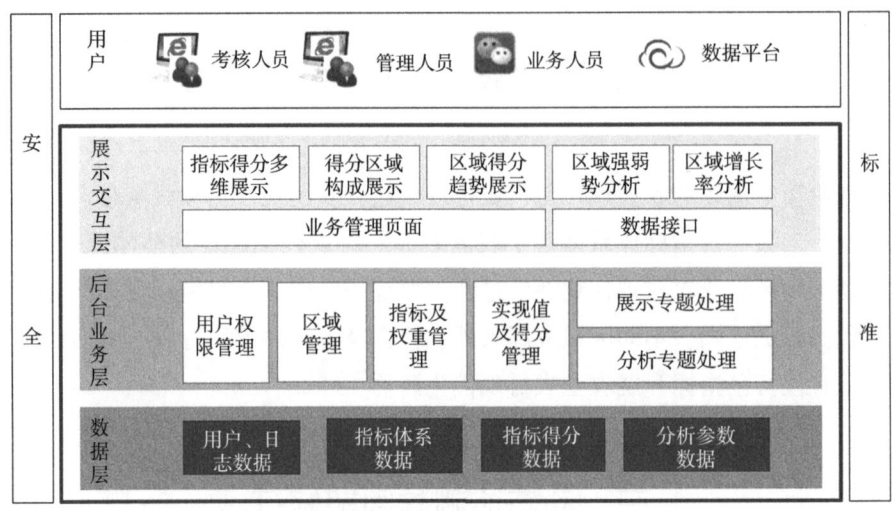

图 9-3 全国农业农村现代化监测评价平台框架

时通过新增指标体系版本保证历史指标数据的可用性及新指标数据的平滑过渡。三是评价指标监测数据采集功能。指标数据上传功能可支持按不同时间、不同指标体系及不同评价主体批次管理，涵盖初始提交任务、数据提交及审核完成阶段。数据上传功能开放微信公众号接口，便于乡村级业务人员操作。四是评价结果数据应用。应用是平台的最终目的，为了使复杂烦琐的农业农村现代化评价指标体系及评价结果能够被业务人员应用，平台提供四类数据显示统计操作：①评价指标体系。提供交互性图表，可全局、可局部动态伸缩显示复合指标的组成与比重，使指标体系在业务人员脑中"活"起来。②指标结果钻取。针对评价主体提供直观易懂的交互性图表，可以灵活查看不同复合区域、不同时间、不同指标层级的数据及汇总结果。③指标结果趋势变化。针对时间序列数据提供多种趋势、同比及环比图标，可以灵活查看各个指标的时间变化趋势。④指标结果区域统计。针对上层管理者，提供不同时间、不同指标的下属评价主体区域的对比分析图表，便于管理者快速定位农业农村现代化建设中的长短板及提出改善措施。未来随着全国各区域农业农村现代化评价实践工作的开展和长期监测数据的获取，可以为中国式农业农村现代化"以评促建"工作提供技术支撑，为中国式农业农村现代化相关理论研究提供数据基础。

第十章　市域农业农村现代化评价典型案例

2020年课题组在东部地区与江苏省苏州市政府合作，开展了苏州市率先基本实现农业农村现代化的评价工作，并于2020年5月28日在全国首次发布，是市域农业农村现代化评价的典型案例。

一、苏州市制定评价考核指标体系的背景和意义

指标体系是发展理念和发展目标的重要体现，新的发展阶段和发展目标亦要求农业农村现代化指标体系必须与时俱进。苏州市率先开展这项工作更是必要且迫切。主要有四方面考虑。

一是发展有需要。党的十九大做出实施乡村振兴战略的决策部署。习近平总书记指出，农业农村现代化是实施乡村振兴战略的总目标。推进乡村振兴、实现现代化目标，迫切需要加快建立监测评价制度，以此监测和掌握乡村振兴实现程度和努力程度，找准主攻方向，发挥监测评价的"晴雨表""风向标"作用。

二是国家有部署。国务院印发的《全国农业现代化规划（2016—2020年）》明确提出，要建立农业现代化监测评价指标体系，分级评价各地农业现代化进程和规划实施情况，定期发布评价结果。

三是江苏有基础。江苏省在推进农业农村现代化方面有基础、有条件、有典型、有办法。2019年11月19日，农业农村部与江苏省在南京签署部省合作框架协议，共同推进江苏率先基本实现农业农村现代化。根据农业农村部组织

的《农业农村现代化监测评价研究》课题的研究成果，江苏省的农业农村现代化综合发展指数在全国排名第一，处于转型跨越阶段，具有率先达到基本实现阶段的基础条件。

四是苏州有决心。2020年3月19日，苏州正式发布《苏州市探索率先基本实现农业农村现代化三年行动计划（2020—2022年）》，宣布到2022年率先基本实现农业农村现代化，是江苏省第一个围绕农业农村现代化出台的政策文件。在苏州市开展农业农村现代化评价考核研究与实践，是推动苏州市率先基本实现农业农村现代化的有力抓手，也是在全国范围内实施评价考核的有效探索。

二、苏州市总体概况

近年来，苏州市全面贯彻乡村振兴战略，加快农业农村现代化建设，稳步推进农业生产，持续推动农业农村经济平稳增长，全市农业经济运行良好，为实现全市发展目标打下了坚实基础。苏州市部署"三农"工作任务，自觉用最新理论武装头脑、指导实践、推动工作，努力把学习成果转化为全市乡村振兴的生动实践，打造新时代鱼米之乡的苏州样板。

1. 行政区划

苏州市总面积8 657.32平方公里，截至2022年，下辖姑苏、虎丘、吴中、相城、吴江5个区及苏州工业园区，代管常熟、张家港、昆山、太仓4个县级市。全市共有46个街道、51个镇，其中，苏州市区有35个街道、20个镇。

2. 地形地貌

苏州地势低平，平原占总面积的55%。苏州分别隶属于两个一级的自然地理区，长江三角洲平原地区和太湖平原地区，分属于4个二级自然区，沿江平原沙洲区、苏锡平原区、太湖及湖滨丘陵区、阳澄淀泖低地区。地貌特征以平缓平原为主，全市的地势低平，自西向东缓慢倾斜，平原的海拔高度3~4米，阳澄湖和吴江一带海拔仅2米左右。

3. 水文气候

苏州古城境内河港交错,湖荡密布,最著名的湖泊有位于西隅的太湖和漕湖;东有淀山湖、澄湖;北有昆承湖;中有阳澄湖、金鸡湖、独墅湖;长江及京杭运河贯穿市区之北。苏州属于亚热带季风海洋性气候,四季分明,气候温和,雨量充沛。年均降水量1 100毫米,年均温15.7℃,1月均温2.5℃。7月均温28℃。

4. 经济社会

近年来,苏州市经济运行稳中加固、稳定向好,经济发展韧性进一步增强。2021年全市生产总值达22 718.3亿元,比上年增长8.7%,位居全省第一位、全国第六位。其中,三产稳步增加,农林牧渔业总产值达346.4亿元;2021年全年实现一般公共预算收入2 510.0亿元,增长9.0%,固定资产投资5 660.6亿元,增长8.3%;截至2021年,户籍总人口762.11万人,比上年年末增长2.4%,全市常住人口1 284.78万人,同比增长0.4%,在江苏省排名第一(图10-1)。

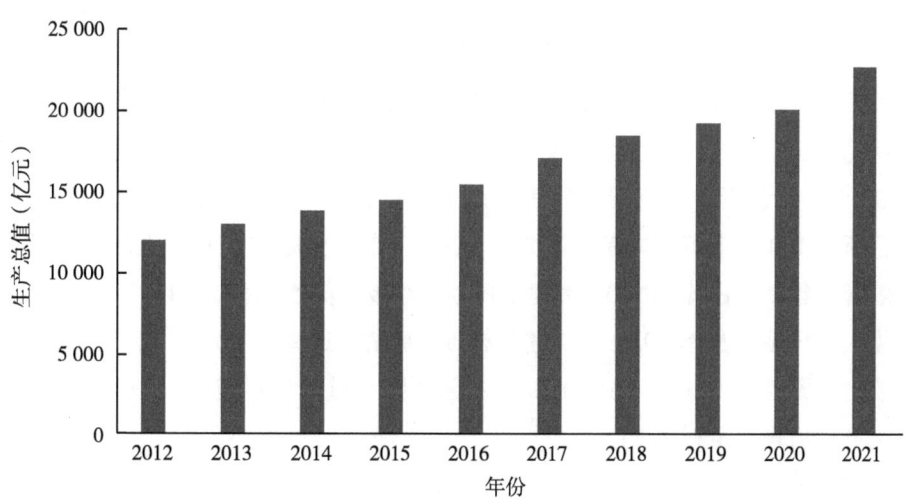

图10-1 2012—2021年苏州市生产总值变动趋势

5. "三农"概况

(1) 农业更加高质高效

近年来,苏州市不断优化产业形态,转变发展方式,创新体制机制,走出了一条具有苏州特色的现代农业发展之路。截至2021年,苏州市高标准农田建设实现动态全覆盖,新增现代农业园区0.667万公顷,建成高标准蔬菜基地10个,美丽生态牧场10家。全市高标准池塘、蔬菜基地、美丽生态牧场覆盖率分别达90%、76%、70%以上;苏州市积极发展绿色食品、有机农产品和农产品地理标志,截至2021年,绿色优质农产品比重达69.4%,累计培育农产品区域公用品牌28个,年末拥有农产品地理标志15个;吴江国家现代农业产业园内实现空中卫星制导、全程无人驾驶,全市共打造如上"无人农场"示范基地9个,省级农业科技型企业多达84家。在龙头园区、企业的示范和引领下,苏州农业阔步走上了信息化、机械化、科技化道路,农业更加高质高效。

(2) 乡村建设稳步提质

苏州市深入实施农村人居环境整治提升行动,加快完善农村基础设施建设,不断提升乡村治理能力。截至2021年,全市"农林水"科目支出决算数达132亿元,同比增长8.8%,乡村振兴基金累计规模达128亿元,涉农贷款增长额占贷款增长总额比重23.4%;截至2021年,57个村庄被命名为"江苏省特色田园乡村",位列全省第一。建成特色精品乡村69个,特色康居乡村3 592个,特色康居(宜居)村占比超80%;打造10个市美丽庭院建设示范村,新建100个市美丽庭院示范户、2 000个市美丽庭院;农村人居环境整治长效管护建制村占比达100%;建制村生活垃圾分类达标率达94.97%,农村无害化卫生户厕普及率99.99%;建制村5G基站开通率近90%;电子商务配送点建制村覆盖率100%;昆山玉山镇入选全国乡村治理示范镇,5个村庄入选全国乡村治理示范村。

(3) 农民收入逐年增长

截至2021年,苏州市农村常住居民人均可支配收入41 487元,增长10.4%;农村常住居民人均消费支出增长23.1%,城乡居民收入比进一步缩小,农村居民恩格尔系数持续下降(图10-2、图10-3)。村均集体可支配收入稳定超过 1 000 万元，省定标准下集体经济强村占比达 100%；完成新生代农民工技能培训 3.45 万人，扶持农民创业 4 288 人，带动就业 1.72 万人；农民创业者享受各类创业补贴 9 253 人次，金额达 1 053.9 万元；发放"新农菁英贷" 3.24 亿元，富民创业担保贷款 2 200 万元。

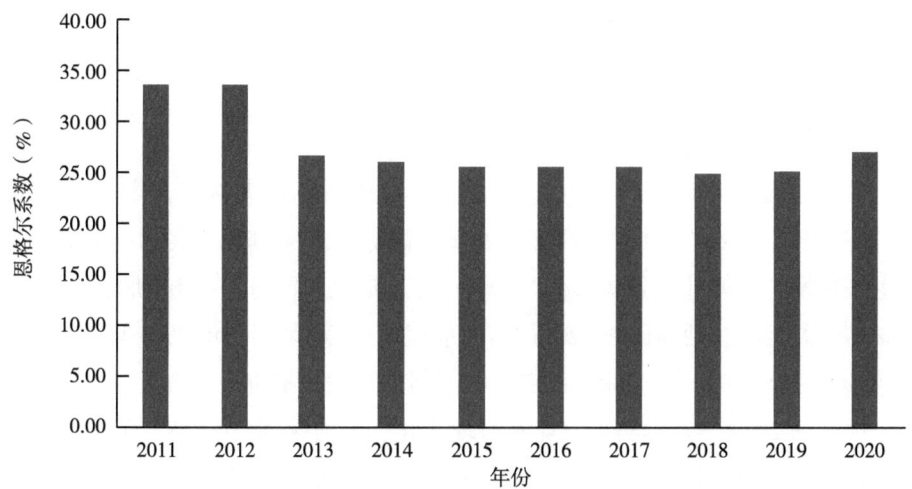

图 10-2　2011—2020 年苏州市农村居民恩格尔系数

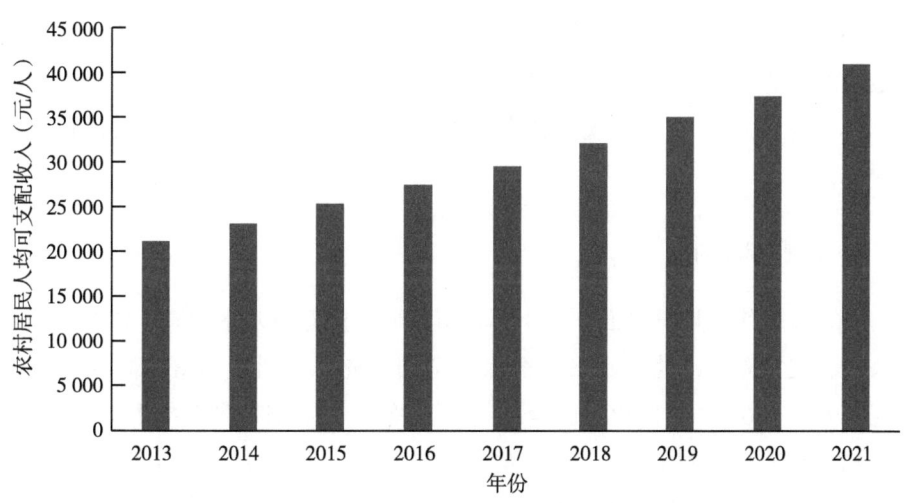

图 10-3　2013—2021 年苏州市农村居民人均可支配收入

三、指标体系与目标值本地化

苏州市在率先基本实现农业农村现代化评价过程中根据苏州特色和"以评促建"的目标,对部分三级指标和目标值进行了修正。

1. 农业现代化

在农业现代化评价中,将高标准农田占比指标修改为苏州特色开展的"三高一美"指数,具体包括高标准农田、高标准蔬菜基地、高标准池塘和美丽生态牧场。具体计算公式为:"三高一美"指数=高标准农田/耕地总面积×50%+高标准池塘/池塘面积×20%+高标准蔬菜地/蔬菜面积×20%+美丽牧场个数/牧场总数×10%。在目标值设定上,苏州市正大力推进现代农业基础设施建设,预计到2022年基本实现农业农村现代化,综合来看"三高一美"指数基本实现和全面实现目标值均设定为100%。在新型农业经营方面增加了"市级以上农业园区面积占耕地面积比"指标,突出苏州市农业园区的建设特色。具体计算公式为:市级以上农业园区面积占耕地面积比=市级以上农业园区面积/耕地总面积×100%。目标值设定:苏州市2019年市级以上农业园区面积占耕地总面积的比例为49.5%。2022年该指标规划达到65%。综合考虑,该项指标目标值设定为基本实现现代化目标值为60%、全面实现现代化目标值为65%。

2. 农村现代化

在农村现代化评价方面,由于苏州市基础设施建设水平较高,农村道路通达条件、技术等级、路况水平持续保持全国领先,苏州"四好农村路"率先实现了8个100%,村内道路已全部完成了硬化,因此选择将"村内道路硬化率"指标修改为"村5G通信网络覆盖率"指标,具体指三大运营商5G基站建设建制村占全部建制村的比例。计算公式为:村5G通信网络覆盖率=三大运营商5G基站建设建制村/全部建制村×100%。目标值设定:苏州市信息基础设施空间布局规划(5G规划)部署,到2019年年底完成5 000个基站建设任务，到 2021 年年底建成 23 000 余个基站，实现苏州全市范围 85%以上的覆盖率，到 2022 年实现全覆盖。综合考虑，该项指标目标值设定为基本实现现代化和全面实现现代化目标值均为 100%。另外，苏州市农村自来水普及率已经达到了 99%以上，因此没有选择该项指标。苏州市水域面积占比大，因此在人居环境中增加了"国家地表水考核断面达到或优于Ⅲ类的比例"指标。指国家地表水考核断面年均水质达到或优于《地表水环境质量标准》（GB 3838—2002）Ⅲ类的断面所占比例。计算公式为：国家地表水考核断面达到或优于Ⅲ类的比例=达到或优于Ⅲ类的国家地表水考核断面数/区域内总国家地表水考核断面数。目标值设定：国务院印发《水污染防治行动计划》提出，到 2020 年，长江、黄河、珠江、松花江、淮河、海河、辽河七大重点流域水质优良（达到或优于Ⅲ类）比例总体达到 70%以上。2019 年，江苏省国考断面优Ⅲ比例达到 77.9%。该项指标目标值设定为基本实现现代化目标值为 80%、全面实现现代化目标值为 90%。在村民自治指标"基层综合性文化服务中心覆盖率"中，苏州市基层综合性文化服务中心以新时代文明实践站的形式存在，因此将该指标修改为"新时代文明实践站覆盖率"。同样在人居环境指标中，美丽宜居村庄在苏州市具体命名为特色康居（宜居）村，因此将"美丽宜居村庄占比"指标修改为"特色康居（宜居）村占比"指标。

另外由于苏州市农村集体经济发展水平显著高于全国平均水平，因此在"集体经济强村比重"中将集体经济强村的标准从全国平均的 10 万元提升到 50 万元。

3. 农民现代化

在农民现代化方面，为强调小农户培训的重要性，苏州市在农民素质指标中将"初中及以上学历农村劳动力占比"指标修改为"小农户培训占比"指标。小农户是指达不到规模农业经营户标准（第三次农业普查的标准）的农户，在每年的农民培训总量中小农户从业人员参加培训的比例。计算公式为：小农户农民培训占比=参加培训的小农户从业人员数量/农民培训总量×100%。农民培训总量是指当年度省市级及以上财政支持的农民培训任务。目标值设定：2019 年南京为 61.5%，无锡为 85.6%，苏州为 58.9%。综合考虑，该指标基本实现现代化和全面实现现代化的目标值均设定为 100%。

4. 城乡融合

促进新增建设用地用于乡村的相关政策文件在2019年尚未明确,因此在苏州评价指标中未选择"新增建设用地用于乡村的比例"指标进行评价。另外苏州"城乡居民基本医疗保险参保率"已经达到了99%以上,因此在城乡融合社会保障中未选择该指标进行评价。

四、评价结果

2019年形成了《苏州市率先基本实现农业农村现代化评价考核指标体系1.0版》,对比全面实现农业农村现代化目标值测算了2019年苏州市农业农村现代化各项指标值,并采用平均权重综合评价了苏州市农业农村现代化综合水平。

1. 判断现状水平

2019年苏州市农业农村现代化综合得分为79.22分,对照苏州市农业农村现代化阶段划分标准[①],属于现代化转型跨越阶段,具备了率先基本实现农业农村现代化的坚实基础。

2. 找出长短板

从49个三级指标看,2019年苏州市全面实现(100分)的指标有10项,占20.4%;低于60分的有10项,占20.4%。从12个一级指标看,90分以上的有4个,包括治理有效、要素配置、公共服务和收入均衡。60分以下的主题有2个:农业经营体系和农民素质;从4个领域得分看,排序从高到低依次是城乡融合、农村现代化、农民现代化和农业现代化,其中城乡融合水平高是苏州市农业农村现代化的优势,而农业现代化则是其需要进一步强化的短板。

---

① 0~60分(不含60分)划分为发展起步阶段,60~80分(不含80分)划分为转型跨越阶段,80~90分(不含90分)划分为基本实现阶段,90分及以上划分为全面实现阶段。

3. 勾画时间表和路线图

结合苏州市各指标的发展速率和发展特征，确定各指标到 2022 年的规划数值，并根据规划数据计算各指标的得分值。计算结果显示，到 2022 年全市农业农村现代化综合得分为 89.95 分，属于基本实现阶段，说明按照规划目标到 2022 年苏州市可以达到率先基本实现农业农村现代化。各指标的规划值即为苏州市到 2022 年基本实现农业农村现代化的工作目标，规划值与现状值之间的差值即为工作的方向和力度。

五、指标体系动态调整

苏州市农业农村现代化评价实践过程中切实贯彻动态调整和周期修订的指导思路，在 2019 年形成的《苏州市率先基本实现农业农村现代化评价考核指标体系 1.0 版》的基础上，在 2021 年和 2022 年对指标体系进行了调整，分别形成了《苏州市率先基本实现农业农村现代化评价考核指标体系》2.0 版和 3.0 版。

1. 指标体系调整

从 2020 年开始，苏州市每个月利用农业农村现代化评价指标体系进行评价数据监测，动态掌握苏州市农业农村现代化建设进程。在此基础上课题组与苏州市政府合作，从"以评促建"和与时俱进的角度，对指标体系进行了动态修正。

在 2021 年从提高数据的质量和评价的准确性的角度进行了指标体系调整。比如增加了"农产品电子商务销售额占农业生产总值比重""农民人均住房面积"等指标，删减了"农村居民每百户年末家用汽车拥有量"等对苏州现代化引导性不强的指标。形成了《苏州市率先基本实现农业农村现代化指标体系 2.0 版》。整体上 2.0 版指标体系保持了 1.0 版的"四三三"架构和进程划分阶段。新的测算结果为苏州市农业农村现代化实现程度值（苏州指数）2019 年为 74.8，2020 年为 81.1，2022 年为 85.6。

2. 指标权重调整

随着工作的进一步深入，2022年将1.0版和2.0版指标体系的平均权重改为采用主次指标排队分类法确定权重，即对指标按重要性程度进行排队的基础上，按照A（核心指标）、B（骨干指标）、C（一般指标）三类指标设置权重。分别赋权重5分、3分和1.5分。形成了《苏州市率先基本实现农业农村现代化指标体系3.0版》。

根据新修订的指标体系，对苏州市2019年农业农村现代化实现程度进行了重新测算，实现程度值为68.92，其中农业现代化领域65.71，农村现代化领域80.38，农民现代化领域69.30，城乡融合领域81.44；2020年苏州指数为73.90，其中农业现代化领域75.12，农村现代化领域85.11，农民现代化领域71.93，城乡融合领域84.10；2021年苏州指数为80.42，其中农业现代化领域85.04，农村现代化领域90.10，农民现代化领域77.65，城乡融合领域88.11。

第十一章　省域农业农村现代化评价典型案例

2020—2021年课题组在中部地区与江西省农业农村厅合作，开展了江西省省域及全省94个涉农县（市、区）农业农村现代化评价工作，是省域及县域农业农村现代化评价的典型案例。

一、评价的背景与意义

没有农业农村的现代化，就没有国家的现代化。党的十九大提出实施乡村振兴战略的重大历史任务，总目标就是实现农业农村现代化。党的十九届五中全会及《中共中央关于制定国民经济和社会发展第十四个五年规划和二〇三五年远景目标的建议》提出，全面实施乡村振兴战略，强化以工补农、以城带乡，推动形成工农互促、城乡互补、协调发展、共同繁荣的新型工农城乡关系，加快农业农村现代化。江西省作为我国传统农业大省，习近平总书记高度重视江西农业发展，并于2019年5月在江西考察强调，要推进农业农村现代化，夯实粮食生产基础，坚持质量兴农、绿色兴农，不断提高农业综合效益和竞争力，要构建新型城乡关系，建立健全城乡融合发展体制机制和政策体系，促进城乡协调发展、融合发展①。在经济快速增长、发展方式加快转变、社会结构加快转型、利益格局深刻变化的大背景下，江西省积极抢抓"三农"发

---

① 资料来源：江西省人民政府网站。

展面临的重要历史机遇，围绕"农业现代化、农村现代化、农民现代化和城乡融合发展"工作积极作为，构建制定科学、有效、可行的农业农村现代化评价体系，在深入总结和评价全省、市、县三级农业农村现代化发展水平基础上，准确研判"三化一融"发展方向和目标，形成以评促建的长效工作机制，逐步推动全省农业全面升级、农村全面进步、农民全面发展和城乡融合发展的新格局，增进农民福祉，实现农业强、农村美、农民富和城乡融的总目标，全面提升江西省农业农村现代化发展水平，促进江西省乡村振兴战略全面实施。

一是农业农村现代化评价是江西省构建农业农村现代化发展体系的重要基础。九层之台，起于累土。党的十九大报告指出，要构建现代农业产业体系、生产体系、经营体系。构建现代农业产业体系、生产体系和经营体系是推进农业农村现代化的重要支撑，也是实施乡村振兴战略的重要抓手。围绕江西省农业农村现代化发展水平开展评价，就是要聚焦农业农村发展中三大体系的关键环节，以县、市为基本单元明确主攻方向，统筹谋划、协调推进农业农村工作高效有序开展。通过构建农业农村现代化评价体系，逐步夯实江西省农业农村现代化发展体系构建的基础，推动实现与新时代相适应的农村一二三产深度融合发展。

二是农业农村现代化评价是江西省落实农业农村高质量发展的关键举措。农业农村高质量发展是强化社会主义市场经济活力的途径和任务之一，同时也需要大力度贯彻落实高质量发展理念。江西省作为传统农业大省，推动农业农村高质量发展是江西省经济转向高质量发展阶段的重要任务。通过构建农业农村现代化评价长效机制，立足基础优势，以新时代农业农村重大发展瓶颈问题为导向，抓住农业农村现代化所处发展阶段的本质特征，并做出科学、有效的关键举措，逐步推进江西省农业产业基础高级化和产业链现代化，提高农业质量效益和竞争力。

三是农业农村现代化评价是江西省推进农业农村发展方式转变的有效抓手。加快推进农业农村发展方式转变，就是要全面提高农业农村现代化水平。要坚定不移加快转变农业发展方式，继续夯实农业稳定发展的基础，稳住农村持续向好的局势。江西省农业综合效益、农业可持续发展、农业竞争力、农村人居环境、城乡融合关系等都迫切需要加快转变农业农村发展方式。江西省农业农村现代化评价以关键指标和关键问题为出发点，围绕农产品生产与质量、农业资源环境、农业技术创新、乡村治理效果、城乡融合和农民福祉水平为切入点科学评价，准确、有效地反映江西省、市、县三级农业农村发展方式调整和转变过程中所需要解决的突出问题，成为推进农业农村发展方式转变的有效途径和抓手。

四是农业农村现代化评价是江西省健全乡村社会治理新格局的有效途径。农业农村现代化既包括"物"的现代化，还包括"人"的现代化，同样也包括乡村治理体系和治理能力的现代化。乡村治理在国家治理体系中占有重要基础性地位，乡村治理现代化是国家治理体系和治理能力现代化进程中不可或缺的一环。在农业农村现代化进程中，处理好工农关系和城乡关系，在一定程度上决定着农业农村现代化的成败。党的十九届四中全会提出，构建基层社会治理新格局。要加强和创新乡村治理，建立健全党委领导、政府负责、社会协同、公众参与、法治保障的现代乡村社会治理体制，健全自治、法治、德治相结合的乡村治理体系。乡村社会治理水平纳入农业农村现代化评价体系，将完善乡村社会治理的体系、结构、过程和手段，健全城乡融合发展体制机制和政策体系，提升乡村治理体系现代化和农业农村现代化的制度保障水平。

二、江西省总体概况

近年来，江西省认真贯彻落实中央"三农"工作的部署要求，农业农村发展稳中有进、稳中向好，取得了历史性成就，发生了历史性变革，为全省经济社会持续健康发展提供了有力支撑。2019年习近平总书记视察江西时指出，要推进农业农村现代化，夯实粮食生产基础，坚持质量兴农、绿色兴农，不断提高农业综合效益和竞争力，要构建新型城乡关系，建立健全城乡融合发展体制机制和政策体系，促进城乡协调发展、融合发展。

1. 行政区划

江西省总面积16.69万平方公里，截至2019年年底，辖11个设区市、27个市辖区、12个县级市、61个县，合计100个县级区划；164个街道、827个镇、569个乡、8个民族乡，合计1 568个乡级区划。

2. 地形地貌

江西省东、西、南三面环山，中部丘陵和河谷平原交错分布，北部为鄱阳湖平原。地形以江南丘陵、山地为主，盆地、谷地广布；地貌上属江南丘陵的主要组成部分。

3. 水文气候

江西省水资源丰富、气候条件良好。境内97.7%的面积属于长江流域，河网密集，河流总长18 400公里，有全国最大的淡水湖——鄱阳湖，水产养殖业较为发达。地处我国东南部，属亚热带温暖湿润季风气候，年均气温约16.3～19.5℃，自北向南递增。年降水量充沛，达1 341～1 943毫米。

4. 经济社会

近年来，江西省经济快速发展，三产总值持续增加。2019年江西省生产总值达24 757.7亿元，同比增长8.0%，居全国十六位（图11-1）。其中，农林牧渔业生产总值为2 726.5亿元，约占11%。2019年全省财政总收入增长5.4%，固定资产投资增长9.2%，主要经济指标增速继续位居全国前列。常住人口4 666.1万人，其中城镇常住人口2 679.3万人，占总人口的比重为57.4%，乡村常住人口1 986.8万人。

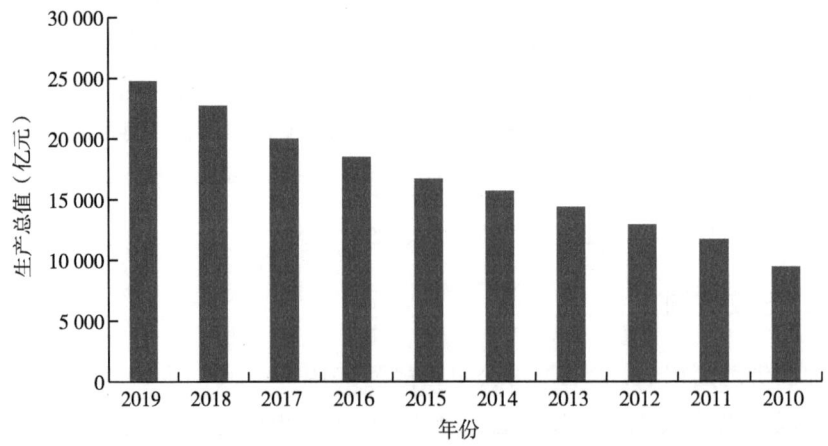

图11-1 2010—2019年江西省生产总值变动趋势

5. "三农"概况

(1) 全国重要的粮食贡献者

江西农业产业齐备、特色鲜明。江西农业在全国占有重要地位，是中华人民共和国成立以来全国两个从未间断向国家贡献粮食的省份之一，2019年粮食产量2 030万吨，其中800万吨销往省外，粮食调出量居全国第二。农村一二三产业融合加快推进，新产业新业态蓬勃发展。农业信息化进程加快，智慧农业"123+N"平台逐步完善。农产品质量持续稳定，"三品一标"[①] 农产品总数位居全国前列，"生态鄱阳湖、绿色农产品"品牌唱响全国、走向世界。2020年粮食产量有望达到历史最高水平；生猪生产恢复好于预期，"菜篮子"产品供应充足；前三季度第一产业增加值48 123亿元，同比增长2.3%；农业生产形势较好，成为国民经济运行的突出亮点，"三农"压舱石作用更加凸显。

(2) 农村面貌发生显著改观

"整洁美丽、和谐宜居"新农村建设成效明显。在乡村振兴中，江西每年安排60亿元专项资金，用于村组内的道路建设、农户改厕改房、村内改沟改塘以及村庄洁化、绿化、亮化、美化等整治建设。截至2018年年底，全省65%的村组已开展了整治建设。农村基础设施建设加快推进，实现县县通高速、村村通动力电、村村通宽带。畜禽养殖"三区"划定工作基本完成，化肥和农药使用量零增长，农业面源污染防治取得初步成效。城乡基本医疗和基本养老制度逐步整合并轨，基层医疗卫生机构达标率提高到90%以上，92个县（市、区）通过义务教育基本均衡国家认定。

(3) 农民收入形势逐年改善

农民就业增收渠道持续拓展，经营性收入不断增长，工资性和转移性收入比重大幅上升，2019年江西农村居民人均可支配收入为15 796元，增速连续六年快于城镇居民人均可支配收入和GDP增速，城乡居民收入差距持续缩小，农村居民恩格尔系数持续下降。农民就业创业公共服务体系不断完善，农村劳动力转移就业规模持续扩大，2014—2018年新增转移农村劳动力294.7万人。

[①] "三品一标"指绿色食品、有机农产品、无公害农产品和农产品地理标志。

三、指标体系和目标值本地化

在江西省进行农业农村现代化评价过程中也根据江西省资源特征和数据条件对部分三级指标进行了修正。

1. 农业现代化

江西省是农业大省,因此在评价的过程中加大了对农业规模经营的重视程度,增加了畜禽养殖规模化水平和水产养殖规模化率两个评价指标。其中畜禽养殖规模化水平指生猪、肉牛、肉羊、奶牛、肉鸡、蛋鸡规模化养殖量与其相应养殖总量比值的加权合计,是反映现代畜牧业规模化养殖水平的重要指标。计算公式为:畜牧规模化养殖比重 = $\sum_{i=1}^{6} A_i \times X_i$,其中,$A$ 为某畜产品规模化养殖比重,X 为某畜产品比重(权重),i 为某畜产品代码(1 = 生猪,2 = 肉牛,3 = 肉羊,4 = 奶牛,5 = 肉鸡,6 = 蛋鸡);A_i = 某畜产品规模化养殖量/某畜产品养殖总量×100%,X_i = 某畜产品产值/生猪、肉牛、肉羊、奶牛、肉鸡、蛋鸡产值之和×100%。生猪、肉牛、肉羊、奶牛、肉鸡、蛋鸡规模化养殖量是指年出(存)栏 500 头、50 头、100 只、100 头、10 000 只、2 000 只以上的规模化养殖场年出(存)栏生猪年出栏量、肉牛年出栏量、肉羊年出栏量、奶牛年存栏量、肉鸡年出栏量和蛋鸡年存栏量。目标值设定:美国 2009 年 1 000 头以上规模猪场存栏量占存栏总量的 93.5%,其中 5 000 头以上规模猪场的出栏量所占比重达 60% 以上。《全国农业现代化规划(2016—2020 年)》提出,2020 年畜禽规模化水平达到 65%。我国 2017 年畜禽规模化水平达到 51.82%。综合考虑,该项指标基本实现和全面实现现代化目标值分别设定为 70% 和 80%。水产养殖规模化率指水产从业人员可以得到同发达地区城镇居民获得相同收入时的人均水产品产量。计算公式为:水产养殖规模化率 = 水产品产量/渔业从业人员。目标值设定:2018 年,全国渔业从业人员人均水产品产量 4.74 吨,按照每吨 1 万元产值计算,扣除物质消耗 40%,人均收入仅为 2.84 万元。2017 年北京和上海等发达城市城镇居民可支配收入超过 6 万元,折合人均水产品产量10吨,2017年上海渔业从业人员水产品产量超过12吨。综合考虑,该项指标基本实现和全面实现农业现代化目标值分别设定为12吨/人和15吨/人。同时由于数据来源的问题,农产品电子商务销售额占农业生产总值比重未在江西进行评价。

2. 农村现代化

农村现代化评价指标中根据地方需要增加了建制村通车通达率和具有区域特色的建制村"法律明白人"数占农村户数比例两个评价指标。其中建制村通车通达率指通客车建制村总数占所有建制村总数的百分比。计算公式为:建制村客车通达率=通客车建制村数/全县建制村总数×100%。目标值设定:《乡村振兴战略规划(2018—2022年)》提出,加强农村基础设施建设应鼓励发展镇村公交,实现具备条件的建制村全部通客车。2019年,江西省建制村通客车率达到99.26%。根据江西省人民政府发布的《关于加快转变农业发展方式建设现代农业强省的意见》,到2020年,具备条件的建制村通客车比例应达到100%。综合考虑,该项指标基本实现和全面实现现代化目标值均设定为100%。建制村"法律明白人"数占农村户数比例指乡村"法律明白人"培养总人数占全县农村总户数的百分比。计算公式为:建制村"法律明白人"数占农村户数比例="法律明白人"数/全县农村总户数×100%。目标值设定:2019年,江西省建制村"法律明白人"数占农村户数比例为36.42%,根据江西省人民政府发布的《关于加快转变农业发展方式建设现代农业强省的意见》,到2020年年底,全省农村各建制村每10户至少培养1名农村"法律明白人"骨干,且有农村"法律明白人"的户数占农户总户数50%以上。根据南昌市出台的《关于加强和改进乡村治理的若干措施》,2022年应实现乡村公共法律网络服务体系全覆盖,并逐步实现农村每户1名"法律明白人"。参考江西省司法厅预估,2025年,江西省的一户一"法律明白人"覆盖率应达100%。综合考虑,该项指标基本实现现代化目标值为90%,全面实现现代化目标值设定为100%。

3. 农民现代化

农民现代化评价指标体系中未进行相关修改。

4. 城乡融合

在城乡融合公共服务中增加了建制村（2 000 人以上）公办幼儿园覆盖率指标。指常住人口 2 000 人以上建制村拥有公办幼儿园的比例。计算公式为：建制村（2 000 人以上）公办幼儿园覆盖率=拥有公办幼儿园的 2 000 人以上建制村/2 000 人以上建制村总数×100%。目标值设定：国家中长期教育改革和发展规划纲要（2010—2020 年）提出要重点发展农村学前教育，努力提高农村学前教育普及程度。2018 年 11 月发布的《中共中央　国务院关于学前教育深化改革规范发展的若干意见》提出，到 2020 年，全国普惠性幼儿园覆盖率（公办园和普惠性民办园在园幼儿占比）达到 80%。综合考虑，该指标基本实现现代化目标设定为 90%，全面实现现代化目标值设定为 100%。

四、权重确定

采用主观赋权法确定指标权重，为了提高赋权的科学性，将专家打分与江西省农业农村相关管理人员打分相结合，共收取 15 名农业农村领域相关知名专家、11 名课题组成员和 84 名江西省农业农村相关管理人员的指标重要程度打分结果，基于平均值计算得出江西省农业农村现代化各级评价指标的权重值。

五、评价结果

根据江西省填报的 2019 年指标原始数据值和权重，计算江西省农业农村现代化各级指标值。

1. 综合评价结果

2019 年江西省农业农村现代化综合得分为 64.74 分，对照农业农村现代化阶段划分标准①,属于转型跨越阶段的起步时期。从47个三级指标来看,2019年江西省全面实现(100分)的指标有4个,占8.5%,低于60分的有17个,占36.2%;从27个二级指标来看,75分及以上的有5个,占18.5%,60分以下的有9个,占33.3%;从12个一级指标来看,75分及以上的有3个,分别是经营体系、生态宜居和健康水平,60~75分(不含)的有5个,分别是生产体系、治理有效、乡风文明、职业素质和收入均衡,其他4个均为60分以下;从4个领域来看,排序从高到低依次是农村现代化、农业现代化、农民现代化和城乡融合,农村现代化、农业现代化和农民现代化均在60分以上,其中农村现代化和农业现代化的得分最高,分别是67.91分和67.80分,城乡融合为54.95分,是江西省农业农村现代化建设中的短板(图11-2)。

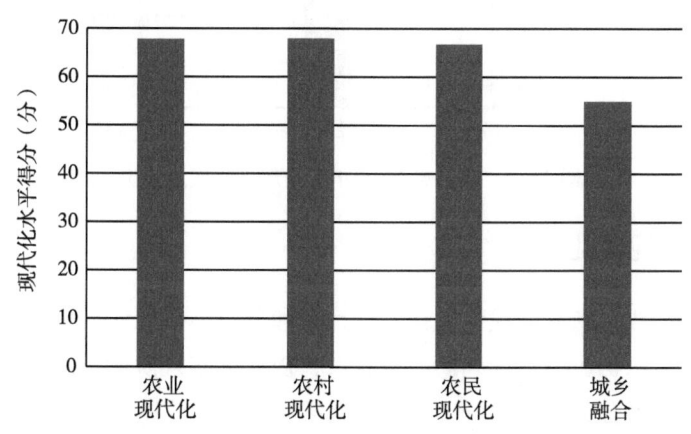

图11-2 江西省农业农村现代化四大领域评价结果

2. 农业现代化

通过对江西省农业现代化指标进行计算和分析,按照农业现代化阶段划分范围,可以判断江西省农业现代化实现阶段。2019年,江西省农业现代化发展水平总体得分为67.80分,处于转型跨越阶段,评价结果基本符合实际情况。图11-3展示了江西省农业现代化评价结果,主要从产业体系、生产体系

---

① 0~60分(不含60分)划分为发展起步阶段,60~75分(不含75分)划分为转型跨越阶段,75~90分(不含90分)划分为基本实现阶段,90分及以上划分为全面实现阶段。

和经营体系三个方面进行考核。产业体系、生产体系和经营体系得分分别为58.34分、70.47分和76.15分,其中,经营体系刚跨入基本实现阶段,生产体系已进入转型跨越阶段,而产业体系还处于发展起步阶段,是农业现代化发展中的短板。

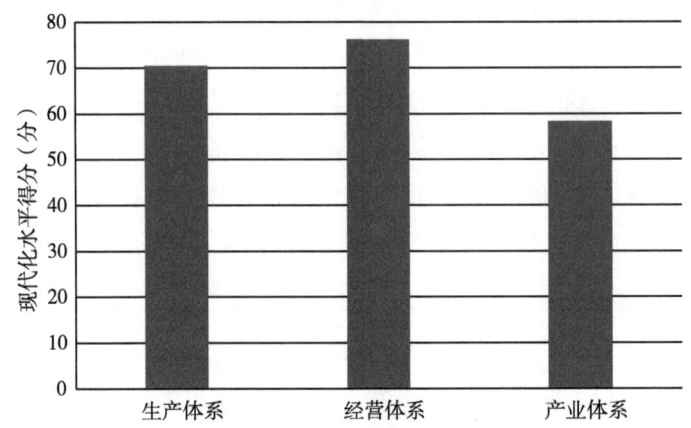

图11-3 江西省2019年农业现代化发展情况

3. 农村现代化

通过对江西省农村现代化指标进行计算和分析,按照农村现代化阶段数值划分范围,可以初步得到和判断江西省农村现代化实现阶段。目前,江西省农村现代化总体得分为67.91分,说明江西省农村现代化整体发展水平处于转型跨越阶段,评价结果基本符合实际情况。图11-4展示了江西省农村现代化评

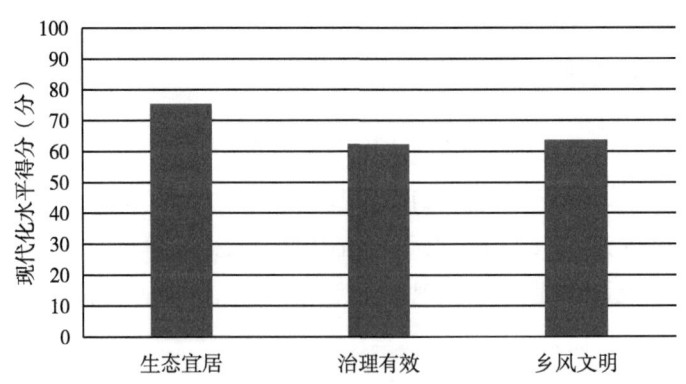

图11-4 江西省农村现代化评价结果

价结果，主要从生态宜居、治理有效和乡风文明三个方面进行考核。生态宜居、治理有效和乡风文明指标得分分别为 75.31 分、62.29 分和 63.67 分，其中，生态宜居处于农村现代化的基本实现阶段，而治理有效与乡风文明处于转型跨越阶段。

4. 农民现代化

依据农业农村现代化评价研究基础，结合江西省农民在职业素质、生活水平和健康水平方面的发展状况，江西省农民现代化总体得分为 66.71 分，表明江西省农民现代化整体处于转型跨越阶段。其中农民职业素质、生活水平和健康水平得分分别为 72.29 分、37.07 分和 93.38 分，可见，江西省农民身体素质非常好，健康水平已全面实现现代化，职业素质即将进入基本实现现代化的阶段，而生活水平仍处于发展起步阶段（图 11-5）。

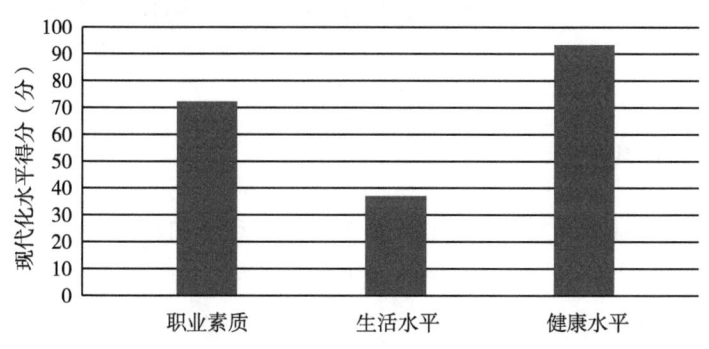

图 11-5　江西省农民现代化评价结果

5. 城乡融合

江西省在城乡融合发展方面总体指标得分仅为 54.95 分，处于发展起步阶段。一级指标要素配置、公共服务和收入均衡得分分别为 47.68 分、54.18 分和 63.30 分（图 11-6）。其中，要素配置指标得分最低，处于发展起步阶段的中后期阶段；公共服务指标得分稍高于要素配置，也位于发展起步阶段的中后期；而收入均衡指标得分相对较高，处于转型跨越阶段。

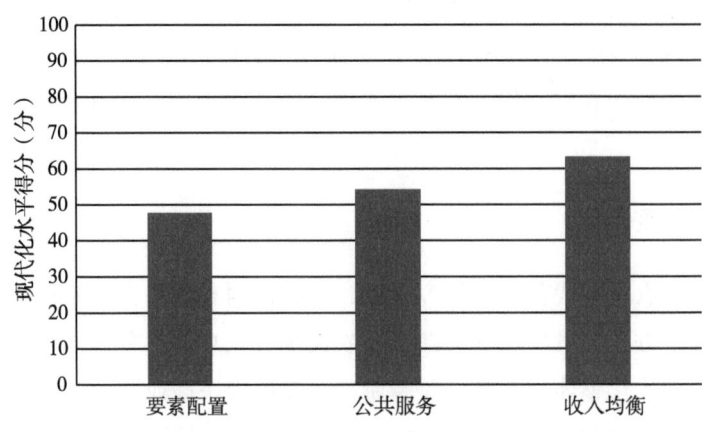

图 11-6 江西省城乡融合评价结果

六、推进江西省农业农村现代化进程的对策建议

1. 农业现代化

加大支持产业体系发展,提高农业产业融合程度和农业综合产出。农业产业融合程度、农业科技和农业综合产出是江西省农业现代化发展的短板。每万公顷优质农产品数量、农产品加工产值与农业总产值比、农林牧渔服务业增加值占农林牧渔业增加值的比以及农业劳动生产率得分均较低。

因此,针对农业产业融合程度、农业科技和农业综合产出发展水平相对较低的现实情况,加大农业基础设施建设力度,积极完善农业科技政策体系;加强农村科技文化教育的培训,鼓励农民接受职业技术教育,提高农民的科技文化素质;加强农村地区信息基础设施的建设,鼓励电信运营商、电商、小微企业等推动信息走进广大农户家中,完善农村信息基础设施和服务体系;推进以农业信息化和农业机械化为内容的农业生产性服务业发展,指导农业和信息业等服务业的融合发展,实现智慧农业和数字农业等概念逐步落地,助力农业现代化发展。

2. 农村现代化

党的十九大报告提出乡村振兴战略，按照"产业兴旺、生态宜居、乡风文明、治理有效、生活富裕"的总要求，加快推进农业农村现代化，首次明确提出"农村现代化"内容。从"农业现代化"到"农业农村现代化"，一方面体现了党对社会主义新农村建设思想的延续与深化，另一方面也标志着我国"三农"工作进入新的发展阶段。结合当前江西省整体农村发展现状，进一步推进农村现代化进程应从以下几个方面考虑。

第一，巩固基础设施建设成果，加强人居环境整治力度，打造宜居乡村。农村基础设施与人居环境整治是实现农村现代化的强力支撑，也是实现农村美的重要抓手，应贯穿于整个农村现代化建设全过程。当前江西省农村基础设施处于基本实现现代化水平，应进一步巩固基础设施建设成果，尤其注重提升村内道路建设质量，加强农村基础设施养护力度与完善基础设施监督机制，促进农村基础设施提档升级，实现从"有"到"优"的转变。在人居环境整治方面，仅有农村生活垃圾处理率处于全面现代化阶段，美丽宜居村庄建设和农村生活污水处理率尚处于发展起步阶段。由于江西赣北赣南地区差异较大，需要因地制宜，在赣北有条件地区适度采用集中处理模式，南部山区主要推行资源化治理，采取低成本、生态化、免维护的农村生活污水处理模式。同时采取奖励与监督相结合的方式，落实农村生活垃圾分类，实现生活垃圾"变废为宝"，资源化与减量化，以降低处理成本。着重推行以美丽宜居村庄建设为抓手，激发村民积极性，全面提升广大农民群众的参与度和获得感，从产业发展、文化传承、技术提升等多方面途径扎实推进美丽宜居乡村建设，促进乡村振兴。

第二，加强党建引领，促进"三治"融合，实现乡村治理有效。乡村振兴，治理有效是基础，也是实现农村现代化的重要保障。目前江西省在乡村治理方面仍处于发展起步阶段，要促进江西省农村现代化的全面实现，必须补上乡村治理短板。一是健全党对农村组织体系、制度体系及工作机制的领导，夯实农村基层组织建设。大力推进村党组织书记通过法定程序担任村民委员会主任，尤其针对赣州、九江以及上饶东部地区进行提升。二是完善乡村自治、法治与德治的融合机制，创新"三治融合"实现载体。其中自治为基，要加强农村群众性自治组织建设，在全面执行"四议两公开"制度的基础上加强制度落实；充分发挥村规民约在乡村基层治理中的作用。法治为本，江西省在法治促进方面还有很大提升空间。应加大培育农民法治素养，运用法治思维与法治方式处理矛盾纠纷；加大农村法治宣传力度，继续面向全省推广落实抚州一户一位"法律明白人"经验做法，全面开展民主法治示范村创建评选活动，以典型示范促进步。德治为先，目前江西省道德文明还处于发展起步阶段，离全面实现农村现代化有一定差距。应积极创新农村德治载体与形式，移风易俗，培育良好村风民风，强化道德教化作用。采取多种奖励与监督机制，开展诸如道德"红黑榜""时间银行"等新型德治活动形式，调动村民参与积极性。

第三，深化改革，壮大农村集体经济，激发农村发展活力。党的十八届三中全会决定提出建立"归属清晰、权责明确、保护严格、流转顺畅"的现代产权制度，对农村集体产权制度改革提出了新要求与新部署。农村集体产权制度改革通过发展集体经济与建立权责明晰的产权制度，激发乡村治理主体积极性与创造性，激活农村资源各类要素，作用于健全乡村治理体系与提高乡村治理能力，实现农村现代化的全面建成。当前江西省农村集体经济空壳村已经基本消除，但集体经济强村占比却偏低，农村集体经济发展整体较为薄弱，尤其是萍乡、吉安以及九江等地区农村集体经济发展薄弱，亟待进一步提升。为了进一步壮大农村集体经济，一是要深化农村集体产权制度改革，实现产权清晰、权责明确，才能建立有效的激励约束机制，激活农村各要素。二是要创新集体经济发展形式。因地制宜，依托优势资源，鼓励有条件的村集体发展休闲观光、电商等新兴产业，做强农产品品牌，发展多元化集体创收产业，打造集体经济强村。

第四，大力发展农村教育文化事业，发挥道德文明示范引领作用，打造和谐美丽乡村。乡风文明是我国农村现代化的核心与灵魂。当前江西省乡风文明尚处于发展起步阶段，其中乡村文化实现全面现代化水平，而乡村文明方面仅处于发展起步阶段。乡村文明的改进一方面需要发挥农村德治教化作用，另一方面也需要提升农村教育文化环境，以教育德、以育化风。一是在全省范围进一步开展和推广文明村评选活动，树立道德文明典范，加强带头引领作用，尤其需要注重在赣北地区的典型模范培养。二是加快农村文化传播设施优化和建设，如综合性文化服务中心、村文化室、农家书屋等惠民工程，加大农村文化建设投入。三是提升农民教育文化素质，推进教育资源进一步向农村倾斜，加大农村教育投入，帮助农民树立正确的社会主义核心价值观，破除愚昧传统思想。同时，还要发挥乡贤、文化能人、乡土文艺团体等在农村文化传播的重要作用；通过报刊、电视、手机、广播等宣传媒介宣传典型事例；开展群众喜闻乐见的文化传播活动，调动农民积极性，丰富农民群众的精神文化生活，培育农村良好文化风尚。

3. 农民现代化

建立健全农村教育培训体系，发挥农民作为农村经济社会发展的主体作用。人是生产力中最活跃的因素，也是决定性因素，农民是实现农业农村现代化的重要力量，农民现代化是实现农业农村现代化的根本途径和不竭动力。

一是建立健全农村教育培训体系。为农民培训提供法治保障，明确农村教育的地位、培训内容，每年进行财政资金投入，科学规划政府、农业农村部门、科研院校、企业在农民培训中的具体职责，形成"政府统筹、农业牵头、部门配合、社会参与"的协作管理良性运行机制，使技术培训、职业教育、技术推广、继续教育和义务教育有机衔接，保证农民培训的质量。

二是创新培训模式，引入市场竞争机制。引入企业、中介组织，推广企业与培训单位的订单式人才培养模式，提高农民培训的针对性和适用性，并对各类培训机构进行定期考核。

三是创新师资培养模式，适应新时代农业农村培训需要。一方面，加强现有师资的在职培训；另一方面，创新师资来源和途径，培养扎根农村的"种植能手""农村能人"和大学生"村官"；同时完善农民培训和技术推广人员收入分配制度，激发农民培训的热情。

4. 城乡融合

《中共中央 国务院关于建立健全城乡融合发展体制机制和政策体系的意见》明确提出，到2022年，我国城乡融合发展体制机制初步建立。到2035年，城乡融合发展体制机制更加完善。到21世纪中叶，城乡融合发展体制机制成熟定型。城乡全面融合，乡村全面振兴，全体人民共同富裕基本实现。目前从评价结果来看，江西省农业农村现代化中城乡融合是最大的短板，特别是要素配置合理化和公共服务一体化方面还有待进一步提高。

一是重点围绕人口等要素流动，加快推进城乡要素配置合理化。建立健全有利于城乡要素合理配置的体制机制，破除妨碍城乡要素自由流动和平等交换的体制机制壁垒，促进各类要素更多向乡村流动，在乡村形成人才等要素汇聚的良性循环。从评价结果来看，江西省返乡创业人员占农村人口比例得分非常低，建议进一步强化城市各类人员返乡入乡的相关激励机制和政策，促进人才要素从城市到乡村的反向流动。

二是大力提升城乡居民社会保障水平，促进城乡基本公共服务普惠共享。城乡之间不平衡最突出的表现在于基本公共服务发展水平的不平衡，从评价结果来看，公共服务仍是江西省乡村发展的短板，其中最大的短板在社会保障方面，要实现共享发展，必须加快补齐。在城乡居民基本医疗保险和基本养老保险上，一方面要加快实现各类社会保险标准统一、制度并轨，另一方面在城乡统一的同时要加强城乡居民社会保障水平的共同提升，充分发挥社保对保障人民生活和调节社会收入分配的重要作用。城乡医疗卫生方面得分也较低，建议统筹加强乡村医疗卫生人才和医疗卫生服务设施建设，并通过鼓励县医院和乡村卫生所建立医疗共同体，鼓励城市大医院对口帮扶或者发展远程医疗来缓解农村看病难、看病贵问题。同时建立城乡教育资源均衡配置机制，促进各类教育资源向乡村倾斜，建立以城带乡、整体推进、城乡一体、均衡发展的义务教育发展机制。

第十二章　农业农村现代化以评促建政策建议

一、农业农村现代化以评促建影响因素

在实践过程中发现，评价体系缺乏理论支撑、评价数据不精准、结果不合理应用等是阻碍农业农村现代化评价"以评促改，以评促建"效果的主要因素。

一是缺乏系统理论支撑，农业农村现代化评价指标体系有待完善。农业农村现代化评价指标体系的引领性、系统性和科学性需要农业农村现代化理论的支撑，目前来说对农业农村现代化理论梳理和评价研究还需要进一步加强，特别是针对农民现代化和城乡融合的理论研究。

二是农业农村统计体系不完善，精准评价农业农村现代化存在数据缺口。一方面统计力量单薄，多头统计估计，人为影响干预，真实性不强等问题长期存在。另一方面农业农村统计指标不完善，随着农业农村现代化进程的加快，农业农村相关统计指标也需要进一步更新。农业农村统计数据的缺失对农业农村现代化评价的精准性和可操作性影响很大。

三是各类评价或考核多头重复，地方应付性思想较严重。乡镇作为我国最基层的一级政府，环保、教育、农业等各类评价和考核任务都集中在基层，农业农村现代化评价指标数据收集工作很多也汇集到了乡镇政府。任务多，人员不足导致地方相关负责人员容易产生应付性思想，影响评价结果的真实性。

四是"评"难以促"建"，评价结果应用机制有待加强。评价体系缺乏科

学性或者评价结果不能合理应用是阻碍"以评促改,以评促建"效果的主要因素。目前很多评价仅注重结果和排名,而不能与相应的推进措施和手段相结合,从而导致有心提升名次和结果,却不知道从何抓起。

二、农业农村现代化以评促建政策建议

为了更好地实施农业农村现代化"以评促建"路径,提出如下政策建议。

一是加强理论研究,提升农业农村现代化评价的科学性。农业农村现代化评价指标体系的引领性、系统性和科学性需要农业农村现代化理论的支撑,本书在中国式农业农村现代化内涵和评价指标体系方面进行了初步探索,但是研究过程中发现,中国式农业农村现代化的深刻内涵还有待于更多的学者进一步深入研究。建议在各类科技项目中优先支持农业农村现代化理论研究课题,推动农业农村现代化理论研究工作不断走向深入,更好地为农业农村现代化评价和农业农村现代化推进战略提供理论支撑。

二是完善乡村统计体系,提升农业农村现代化评价的精准性。农业农村统计数据的缺失对农业农村现代化评价的精准性和可操作性影响较大。应结合农业农村现代化评价指标体系,适当增加与时俱进的农业农村统计指标,进一步完善乡村统计体系,并逐步推动农业农村现代化相关统计指标纳入政府统计体系,为农业农村现代化长期精准监测评价提供数据基础。

三是建立第三方监测评价长效机制,提升农业农村现代化评价的客观性。建立农业农村现代化评价的第三方评价机制,保障评价的客观性。同时农业农村现代化评价的指标体系和目标值都具有动态性,第三方评估机构应根据国际形势、国家发展、地方实践经验对农业农村现代化评价指标体系和目标值进行周期性修订,以保障评价效果。

四是健全农业农村现代化评价成果应用机制,提升农业农村现代化评价的导向性。将乡村振兴、农业高质量发展等相关考核评价工作统一到农业农村现代化评价考核体系中,减少评价门类和基层工作量。评价结果不仅作为绩效考核的重要内容,更重要的是将农业农村现代化评价结果与农业农村相关规划和行动方案编制紧密链接,切实提出农业农村现代化推进措施工程。

附录1 农业农村现代化评价指标体系

领域	一级指标	二级指标	序号	三级指标	单位
农业现代化	生产体系现代化	农产品有效供给	1	粮食产量稳定度	%
			2	肉菜蛋奶稳定保障率	%
		耕地保护与质量	3	高标准农田占比	%
		农业绿色化	4	化肥农药投入强度	%
			5	每万公顷绿色优质农产品数量	个
		农业科技化	6-1	农业科技进步贡献率（省级）	个
			6-2	农业科技人员占劳动力比重（县级/市级）	人/百户
		农业机械化	7	主要粮食作物耕种收综合机械化率	%
	经营体系现代化	新型农业经营	8	家庭农场和合作社覆盖率实现度	%
		农业风险保障	9	农业保险深度	%
		农业社会化服务	10	农林牧渔服务业增加值占农林牧渔业增加值的比重	%
	产业体系现代化	农业产业融合	11	农产品加工产值与农业总产值比	—
			12	劳均休闲农业接待人次	人次
		农业信息化	13	农业信息化率	%
			14	农产品电子商务销售额占农业生产总值比重	%
		农业综合产出	15	农业土地产出率	万元/公顷
			16	农业劳动生产率	万元/人

(续表)

领域	一级指标	二级指标	序号	三级指标	单位
农村现代化	生态宜居	基础设施	17	自然村通硬化路比例	%
			18	农村自来水普及率	%
			19	乡村快递服务覆盖率	%
		人居环境	20	美丽宜居村庄占比	%
			21	农村生活污水治理率	%
			22	农村生活垃圾收运处置体系覆盖率	%
			23	农村无害化卫生户厕普及率	%
	治理有效	党建引领	24	村党组书记兼任村民委员会主任的村占比	%
		村民自治	25	执行"四议两公开"制度的建制村比例	%
		改革发展	26	村庄规划管理覆盖率	%
			27	集体经济强村占比	%
	乡风文明	乡村文化	28	基层综合性文化服务中心覆盖率	%
		乡风文明	29	县级以上文明村占比	%
农民现代化	职业素质	文化教育	30	初中及以上学历农村劳动力占比	%
		职业培训	31	职业农民占农村劳动力比例	%
	生活水平	收入水平	32	农村居民人均可支配收入	万元
		生活方式	33	农村居民恩格尔系数	%
			34	农村居民每百户年末家用汽车拥有量	辆/百户
			35	农村居民人均教育文化娱乐支出占比	%
	健康水平	健康水平	36	农村人口平均预期寿命	岁
城乡融合	要素配置	人口要素	37	城镇化率	%
			38	返乡创业人员占农村人口比例	%
		资金要素	39	涉农贷款增长额占贷款增长总额比重	%
		土地要素	40	新增建设用地指标用于乡村的比例	%
	公共服务	社会保障	41	农村居民最低生活保障标准与城市比值	—
			42	城乡居民基本医疗保险参保率	%
		公共教育	43	城乡义务教育学校专任教师本科以上学历比例	%
		医疗卫生	44	城乡千人执业(助理)医师数	%
		养老服务	45	农村养老服务设施覆盖率	%
	收入均衡	城乡收入比	46	城乡居民可支配收入比	—
		城乡支出比	47	城乡居民人均消费支出比	—